Vida discipular 4

La misión del discípulo

Avery T. Willis, Jr.
Kay Moore

Lifeway recursos

Brentwood, Tennessee

ISBN 978-0-7673-2600-1
Ítem 001133358

Clasificación Decimal Dewey 248.4
Subdivisión: Discipulado

A menos que se indique lo contrario, todas las citas bíblicas se han tomado de la Santa Biblia, Versión Reina Valera de 1960, propiedad de las Sociedades Bíblicas en América Latina, Publicada por Broadman & Holman Publishers, Nashville, TN. Usada con permiso.

Para ordenar copias adicionales escriba a Lifeway Customer Service, 200 Powell Place, Suite 100, Brentwood, TN 37027; FAX (615) 251-5933; Teléfono 1-800 257-7744 ó envíe un correo electrónico a customerservice@lifeway.com. Le invitamos a visitar nuestro portal electrónico en www.lifeway.com donde encontrará otros muchos recursos disponibles.

Impreso en los Estados Unidos de América

Multi-Language Team
Lifeway Resources
200 Powell Place, Suite 100
Brentwood, TN 37027

Contenido

Los autores

AVERY T. WILLIS, JR., creador y autor de *Vida discipular*, es vicepresidente para operaciones foráneas en la Junta de Misiones Internacionales de la Convención Bautista del Sur. La versión original de *MasterLife: Discipleship Training for Leaders*, publicado en 1980, fue utilizado por más de 250.000 personas en los Estados Unidos. Ha sido traducido a más de 50 idiomas diferentes para provecho de miles de personas. Willis también es autor de *Indonesian Revival: Why Two Million Came to Christ*, (Avivamiento espiritual en Indonesia: Por qué se convirtieron a Cristo dos millones de personas) *The Biblical Basis of Missions* (El fundamento bíblico de las misiones), *MasterBuilder: Multiplying leaders* (La multiplicación de los líderes), *BibleGuide to Discipleship and Doctrine* (Guía bíblica hacia el discipulado y la doctrina) y varios libros en lengua indonesia.

Willis sirvió durante 10 años como pastor en los estados de Oklahoma y Texas y durante 14 años como misionero en Indonesia. En el curso de este período prestó servicios como presidente del Seminario Teológico Bautista Indonesio durante 6 años. Antes de ocupar su actual cargo, trabajó como director del departamento de adultos de la División de Discipulado y Familia de la Junta de Escuelas Dominicales de la Convención Bautista del Sur, donde presentó una serie de cursos para la profundización del discipulado conocida como el Instituto *LIFE*.

KAY W. MOORE se desempeñó como coautora de esta edición actualizada de *Vida discipular*. Trabajó como editora en el departamento de adultos de la División de Discipulado y Familia de la Junta de Escuelas Dominicales de la Convención Bautista del Sur, Kay dirigió el equipo editorial que produjo la serie *LIFE Support*. La misma está constituida por cursos que pueden ayudar a las personas a resolver cuestiones críticas en su vida. En su carácter de escritora, editora y conferenciante, Moore ha escrito o ha colaborado en la elaboración de numerosos libros acerca de vida familiar, las relaciones y temas de inspiración. Es autora de la obra *Gathering the Missing Pieces in an Adopted Life* y frecuentemente contribuye con revistas religiosas y guías devocionales.

Introducción

Vida discipular es una ayuda para formar discípulos en grupos pequeños para que puedan desarrollar una relación perdurable y obediente con Cristo. *Vida discipular 4: La misión del discípulo*, es el último de 4 volúmenes en este proceso de discipulado. Los otros 3 libros son *Vida discipular 1: La cruz del discípulo, Vida discipular 2: La personalidad del discípulo y Vida discipular 3: La victoria del discípulo*. Mediante estos libros usted podrá reconocer a Cristo como Señor y su vida en Él.

LO QUE ESTE LIBRO LE OFRECE

El objetivo de *Vida discipular* es discipularlo, es decir, hacer que usted se asemeje cada vez más a Cristo. Para lograrlo, debe seguir a Jesús, aprender lo que Él enseño a sus seguidores y ayudar a otros a ser discípulos de Cristo. De esta forma, *Vida discipular* hará posible que usted descubra la satisfacción de seguir a Cristo como un discípulo y que sienta el gozo de dicha relación con Él. *Vida discipular* se creó para ayudarlo a vivir de acuerdo a la siguiente definición del discipulado:

El discipulado cristiano consiste en desarrollar una relación personal de obediencia a Cristo para toda la vida, en la cual Él transformará su carácter haciéndolo semejante a Cristo, reemplazará sus valores por los del Reino de Dios y le dará parte en la misión de Cristo en el hogar, la iglesia y el mundo.

Vida discipular 1: La cruz del discípulo le brindó la oportunidad de explorar su relación personal con Jesucristo. Aprendió a dibujar el diagrama de la cruz del discípulo para ilustrar la vida equilibrada que Cristo desea que sus discípulos tengan. También aprendió que Cristo desea ser el centro de su vida, para que todo lo que usted haga sea una consecuencia de su relación con Él.

Vida discipular 2: La personalidad del discípulo lo guió a la transformación que hace Cristo para que su carácter sea semejante al de Él por medio de la obra del Espíritu Santo. Aprendió a vivir una vida victoriosa al desarrollar un carácter más semejante a Cristo.

Reconoció a su consejero personal, el Espíritu Santo, quien le enseña, lo guía, lo dirige, intercede por usted y lo capacita para hacer la voluntad y la obra de Dios.

Vida discipular 3: La victoria del discípulo Concentró su atención en la victoria en la guerra espiritual. Aprendió como avanzar contra el enemigo valiéndose de las armas defensivas de la armadura espiritual, las cuales lo protegen, así como las armas ofensivas, las cuales lo conducen a avanzar contra el mundo, la carne y el diablo. A medida que comenzó a destruir las fortalezas espirituales enemigas que hay en su propia personalidad y a llevar cautivo "todo pensamiento a la obediencia a Cristo" (2 Corintios 10:5), usted aprendió a creer a Dios todo lo que Él desea hacer por medio de usted.

Vida discipular 4: La misión del discípulo lo conducirá a la siguiente etapa de su travesía discipular en la cual aprenderá el significado de "ir y hacer discípulos a todas las naciones" (Mateo 28:19). Al examinar el Maestro Constructor, una ilustración del crecimiento espiritual proyectado para toda una vida, usted hará planes para su constante desarrollo espiritual, así como a testificar a personas inconversas, y comenzará a discipular a otros creyentes. Descubrirá sus dones espirituales y determinará a qué ministerio lo conduce el Señor. El presente estudio le proporcionará todo lo necesario para hacer discípulos y ministrar a otros. Asimismo, seguirá practicando las seis disciplinas que aprendió en *Vida discipular 1: La cruz del discípulo*:

- Dedicarle tiempo al Maestro
- Vivir en la Palabra
- Orar con fe
- Tener comunión con los creyentes
- Testificar al mundo
- Ministrar a otros

EL PROCESO DE LA *VIDA DISCIPULAR*

Vida discipular 4: La misión del discípulo es parte de un proceso de discipulado de 24 semanas. Al completar los cuatro estudios de *Vida discipular* usted habrá adquirido la información y las experiencias que necesita para ser un mejor discípulo de Cristo.

Cada libro se afirma en el contenido del otro y se recomienda como requisito previo para el siguiente libro de la serie. Estos libros se diseñaron para estudiarse en sesiones de grupo. El discipulado se desarrolla por experiencia. Las experiencias que usted tenga al estudiar *Vida discipular* le cambiarán la vida. Es importante que usted dialogue acerca de estas experiencias con su grupo.

CÓMO ESTUDIAR ESTE LIBRO

Se espera que diariamente, durante cinco días a la semana, usted estudie un segmento del material que hay en este manual, además de completar las actividades respectivas. Es posible que necesite dedicar de 20 a 30 minutos para estudiar cada día. Aunque crea que puede estudiar el material en menos tiempo, es mejor distribuir el estudio en cinco días. Esto le dará tiempo para aplicar tales verdades a su vida.

Notará que los logos de las disciplinas se anteponen a las diversas tareas:

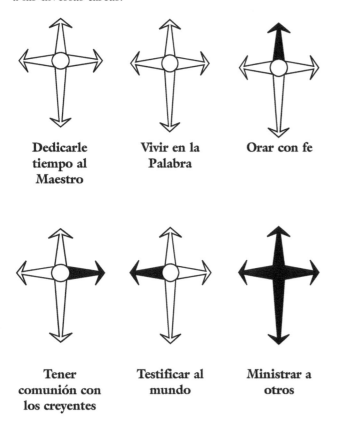

| Dedicarle tiempo al Maestro | Vivir en la Palabra | Orar con fe |
| Tener comunión con los creyentes | Testificar al mundo | Ministrar a otros |

Dichos logos vinculan ciertas actividades con las seis disciplinas que usted aprende a incorporar a su vida de discípulo. Tales actividades constituyen parte de sus tareas semanales, las cuales se resumen en la sección "Mi andar con el Maestro en esta semana", al comienzo del material para cada semana. Los logos de las disciplinas contribuyen a distinguir las tareas semanales de las actividades relacionadas con su estudio para un día en particular.

Seleccione un horario definido y un lugar tranquilo para estudiar con poca interrupción, o ninguna. Mantenga una Biblia a mano para encontrar los pasajes indicados en el material. Memorizar las Escrituras es una parte importante de su trabajo. Separe una parte de su tiempo de estudio para la memorización. A menos que deliberadamente se haya escogido otra versión para destacar algo específicamente, todos los pasajes de *Vida discipular* se citan de versión *Reina-Valera Revisada de 1960*. No obstante, siéntase libre de memorizar versículos de cualquier versión de la Biblia que prefiera.

Después de completar las tareas de cada día, consulte el comienzo del material de esa semana. Si completó una actividad que corresponde a la indicada en la sección "Mi andar con el Maestro en esta semana", trace una línea vertical en el diamante que hay junto a la actividad. Durante la siguiente sesión del grupo, otro miembro verificará su trabajo y trazará una línea horizontal en el diamante, para formar una cruz en cada diamante. Tal proceso confirmará que usted ha completado la tarea de cada semana antes de continuar. Podrá ocuparse de las tareas a su propio ritmo, pero asegúrese de terminarlas por completo antes de la próxima sesión del grupo.

MAESTRO CONSTRUCTOR

En las páginas 123-127 encontrará la presentación del Maestro Constructor. Esta ilustra la senda del crecimiento espiritual y constituirá el punto central para todo lo que usted aprenda de este libro. Cada semana se dedicará a una etapa diferente del Maestro Constructor. Al finalizar el estudio usted podrá dibujar dicho diagrama y explicar la presentación con sus palabras. Como discípulo de Cristo, aprenderá a identificar en qué etapa se encuentran usted y otros creyentes en la senda del crecimiento espiritual. De igual manera usted podrá contribuir a su crecimiento así como al de otros creyentes.

Dimensiones del discipulado

Lea los versículos indicados en 2 Timoteo 2, complete los conceptos y prepárese para leer sus respuestas al grupo.

1. Lea el versículo 1. Uno de los propósitos del discipulado: que usted se _____

2. Lea el versículo 2. Una parte de la misión discipular es: _____

_____

3. Lea el versículo 3. Parte del compromiso discipular es: _____

4. Lea el versículo 4. Lo más importante del discipulado es: _____

5. Lea el versículo 5-6. La disciplina del discipulado es: _____

6. Lea el versículo 7. El maestro para discipular es: _____

7. Lea el versículo 8. El fundamento del discipulado es: _____

8. Lea el versículo 9. El poder del discipulado es: _____

9. Lea el versículo 10. El fruto y la razón por excelencia del discipulado es: _____

_____

10. Lea el versículo 15. El desafío del discipulado es: _____

_____

11. Lea el versículos 20-21. El secreto de la utilidad individual de cada discipulado es: _____

_____

12. Lea el versículo 21. El producto final del discipulado es: _____

_____

13. Lea el versículos 24-25a. La naturaleza esencial del discipulado es: _____

_____

14. Lea el versículos 25b-26. Parte del ministerio discipular es: _____

Pacto del discípulo

Para participar en *Vida discipular* se le pide dedicar su vida a Dios y a su grupo de *Vida discipular* asumiendo los siguientes compromisos. Tal vez no pueda cumplir con la lista completa, sin embargo, al firmar este pacto, usted se compromete a adoptar estas prácticas a medida que progrese en el estudio.

Como discípulo de Jesucristo, me comprometo a:

- Reconocer cada día a Jesucristo como Señor de mi vida
- Asistir a todas las sesiones del grupo, a menos que me vea impedido por causa de fuerza mayor
- Dedicar a las tareas de 20 a 30 minutos diarios según sea necesario para completarlas
- Tener un tiempo devocional todos los días
- Mantener una Guía diaria de comunión con el Maestro acerca del modo en que Dios me habla y yo le hablo a Él
- Ser fiel a mi iglesia en la asistencia y mayordomía
- Amar y animar a cada miembro del grupo
- Testificar de Cristo a otros
- Mantener en reserva todo lo que expresen los demás en las sesiones de grupo
- Someterme voluntariamente a otros para rendir cuentas de lo que hago o no hago
- Hacerme discipulador de otros a medida que Dios me dé la oportunidad
- Mantener financieramente a mi iglesia practicando la enseñanza bíblica de ofrendar
- Orar diariamente por los miembros del grupo

_____   _____

_____   _____

_____   _____

_____   _____

Firma _____   Fecha _____

SEMANA 1

Cómo enderezar relaciones torcidas

La meta de esta semana

Evaluar sus relaciones con otras personas y procurar le reconciliación cuando sea necesario.

Mi andar con el Maestro en esta semana

Completara las siguientes actividades para desarrollar las seis disciplinas bíblicas.
Cuando haya completado cada actividad trace una línea vertical en el diamante que aparece al lado.

DEDICARLE TIEMPO AL MAESTRO
◇ Tenga un tiempo devocional cada día. Marque los días en que tenga su:
❑ Domingo ❑ Lunes ❑ Martes ❑ Miércoles ❑ Jueves ❑ Viernes ❑ Sábado

VIVIR EN LA PALABRA
◇ Lea su Biblia diariamente. Escriba qué le dice Dios y que usted le dice a Él.
◇ Memorice Mateo 5:23-24.

ORAR CON FE
◇ Ore con su compañero de oración.

TENER COMUNIÓN CON LOS CREYENTES
◇ Como usar el formulario titulado "Índice de relaciones".
◇ Llene el formulario titulado "Índice de relaciones" con su cónyuge, un familiar o un amigo cercano.

TESTIFICAR AL MUNDO
◇ En la lista del pacto de oración escriba los nombres de personas inconversas.
◇ Esta semana, como mínimo, visite a un vecino.

MINISTRAR A OTROS
◇ Complete la hoja de autoevaluación.
◇ Lea la presentación del Maestro Constructor.

Versículo para memorizar esta semana

Por tanto, si traes tu ofrenda al altar, y allí te acuerdas de que tu hermano tiene algo contra ti, deja allí tu ofrenda delante del altar, y anda, reconcíliate primero con tu hermano, y entonces ven y presenta tu ofrenda (Mateo 5:23-24).

DÍA 1

∽

Importancia de las relaciones

Su líder le presentó el Maestro Constructor en la primera sesión del grupo. Este plan describe el camino del discipulado y el crecimiento espiritual. El Maestro Constructor ilustra cómo las relaciones son de vital importancia para predicar el evangelio y llevar a cabo la misión de Cristo. ¿Cuál es nuestra misión como discípulos de Cristo?

> La misión del discípulo es:
> • Glorificar a Dios siendo un discípulo obediente al Señor Jesucristo durante toda la vida
> • Glorificar a Dios haciendo discípulos en todas las naciones
> • Sumarse a la misión de Dios para:
> —glorificar su nombre;
> —exaltar a Cristo como el Señor;
> —reconciliar al mundo con Él;
> —establecer su reino.

Fortalecer las relaciones personales es esencial para predicar el evangelio y para hacer discípulos en todas las naciones.

Fortalecer las relaciones personales es esencial para predicar el evangelio y hacer discípulos en todas las naciones. Las relaciones inadecuadas levantan barreras para testificar, establecer un niño espiritual, capacitar y discipular a otra persona, preparar a un discipulador, o servir como colaborador. Antes de estudiar cada etapa del desarrollo espiritual en el Maestro Constructor, nos concentraremos en la importancia de mantener relaciones saludables.

Los creyentes funcionan como una familia en la que hay amor, pero como toda familia, experimentan malentendidos y pasan por situaciones dolorosas. El estudio de esta semana se creó para ayudarlo a descubrir qué hacer cuando se presenta un problema en una relación personal. Al final de esta semana será capaz de:
- Enumerar tres razones por las cuales debe restaurarlas relaciones inmediatamente;
- Explicar qué hacer cuando usted es el que ha ofendido al otro;
- Identificar seis pasos a seguir si usted es el ofendido;
- Describir la función del pacificador.

La comunión entre los creyentes es la base de la experiencia cristiana.

ES EL CENTRO DE SU EXPERIENCIA

La comunión entre los creyentes es el centro de su experiencia cristiana. Su relación con Dios, por medio de Cristo, lo une a usted con otros creyentes formando así el cuerpo de Cristo.

La muerte de Jesús en la cruz pagó la pena que su pecado merecía y restauró la relación quebrantada con Dios (vea Romanos 5:1). También hizo posible que las relaciones entre los hijos de Dios sean las correctas.

Juan dice que su amor por Dios se refleja en el amor del uno por el otro (vea 1 Juan 4:21).

Lea 1 Juan 3:14 en el margen. ¿Cómo sabemos que hemos pasado de muerte a vida?

_____

El amor de los unos por los otros es la manera de demostrar que hemos pasado de la muerte espiritual a la vida eterna en Cristo. Alguien que demuestra el amor de Cristo a los demás testifica de su vida eterna.

Debemos amar a los demás de palabra y de hecho, como dice 1 Juan 3:18, en el margen. Sin embargo, el pecado aún se interpone en la comunión de unos con otros.

Subraye las causas de los problemas entre usted y los demás.

celos	codicia	amargura
orgullo	insensibilidad	impaciencia
ira	chisme	falta de tacto
malentendidos	vanagloria	avaricia

Las diferencias de opiniones, conflictos de personalidades y luchas por el poder también dañan las relaciones personales entre los individuos. Los discípulos de Jesús lucharon con este concepto de amarse los unos a los otros a pesar de la naturaleza pecadora de las personas.

Lea Mateo 20:20-24 en el margen.
¿Con quién estaban enfadados los discípulos? _____
¿Por qué estaban enfadados? _____

Los discípulos se enojaron con Santiago y Juan y estaban celosos de ellos porque querían tener lugares de preferencia en el reino.

Nuestra relación con Cristo hace posible que restauremos las relaciones personales. Por medio del perdón podemos reconciliarlos con Dios y con los demás.

Lea 1 Juan 1:7 en el margen.
¿Cuál es la base de la comunión entre los creyentes? _____
¿Qué limpia (o restaura) esa comunión? _____

Nuestra relación con Dios a través de Cristo es la base de la comunión entre los creyentes. La sangre de Jesús restaura dicha comunión.

 Los versículos para memorizar esta semana, Mateo 5:23-24, describen cuan serias son las malas relaciones. Comience a memorizar estos versículos, léalos varias veces en voz alta.

Nosotros sabemos que hemos pasado de muerte a vida, en que amamos a los hermanos. El que no ama a su hermano, permanece en muerte (1 Juan 3:14).

Hijitos míos, no amemos de palabra ni de lengua, sino de hecho y en verdad (1 Juan 3:18).

Entonces se le acercó la madre de los hijos de Zebedeo con sus hijos, postrándose ante él y pidiéndole algo. El le dijo: ¿Qué quieres? Ella le dijo: Ordena que en tu reino se sienten estos dos hijos míos, el uno a tu derecha, y el otro a tu izquierda. Entonces Jesús respondiendo, dijo: No sabéis lo que pedís. ¿Podéis beber del vaso que yo he de beber, y ser bautizados con el bautismo con que yo soy bautizado? Y ellos le dijeron: Podemos. El les dijo: A la verdad, de mi vaso beberéis, y con el bautismo con que yo soy bautizado, seréis bautizados; pero el sentaros a mi derecha y a mi izquierda, no es mío darlo, sino a aquellos para quienes está preparado por mi Padre. Cuando los diez oyeron esto, se enojaron contra los dos hermanos (Mateo 20:20-24).

Pero si andamos en luz, como él está en luz, tenemos comunión unos con otros, y la sangre de Jesucristo su Hijo nos limpia de todo pecado (1 Juan 1:7).

GUÍA DIARIA DE COMUNIÓN CON EL MAESTRO

1 JUAN 3:11-24

Qué me dijo Dios:

_____

_____

_____

_____

_____

_____

_____

_____

Qué le dije yo a Dios:

_____

_____

_____

_____

_____

_____

_____

_____

_____

Recuerde lo que significaban las barras vertical y horizontal de la cruz del discípulo. La barra vertical, que describe la Palabra y la oración, representa su relación con Dios (relación vertical). Si usted vive en la Palabra y ora con fe, esto afectará su relación con los demás creyentes y su testimonio al mundo (relación horizontal).

UNA MISIÓN CON EL MAESTRO

 Lea la presentación del Maestro Constructor en las páginas 123-127. No necesita memorizarla pero debe aprender dichos principios. Al comenzar la semana 2, se concentrará en el estudio de cada una de las diferentes etapas del desarrollo espiritual en cada semana. Al finalizar este estudio será capaz de dibujar el diagrama del Maestro Constructor y explicarlo con sus propias palabras.

Comenzará a entender la función de las relaciones personales en su vida discipular durante los devocionales, cuando usted realmente se comunica con Dios tanto escuchando el mensaje que Él tiene para usted como comunicándose con Él.

 Durante su devocional lea 1 Juan 3:11-24 que enseña la manera de relacionarlos con los demás. Luego complete la guía diaria de comunión con el Maestro.

DÍA 2

Lo que Cristo manda

Como aprendió el día 1, los creyentes no son inmune a los problemas interpersonales. Las personas lo atacarán, no le harán caso, hablarán a sus espaldas y lo eludirán aunque usted trate de vivir una vida que honre a Cristo. También podrá caer en cualquiera de estos pecados al tratar con otros. Sin embargo, cuando sepa que hay un problema interpersonal, corríjalo inmediatamente. Estas son las razones por las cuales debe hacerlo:

- Las relaciones interpersonales inadecuadas afectan su comunión con Dios.
- Se le ordena restaurar dichas relaciones.
- Debe restaurar dichas relaciones como un testimonio a este mundo.

SU RELACIÓN CON DIOS

Primero vamos a considerar cómo las malas relaciones afectan su relación con Dios.

Lea los dos versículos que están en el margen de la página siguiente y resúmalos.

Mateo 6:14-15: _____

_____

1 Juan 4:20-21: _____

_____

De acuerdo a Mateo 6:14-15 el pecado destruye las relaciones humanas. Si usted no perdona a los demás cuando lo agravian, ¿Cómo puede esperar que Dios lo perdone? El compañerismo al nivel humano se restaura mediante el perdón. 1 Juan 4:20-21 reitera la seriedad del buen compañerismo con los demás. Si no ama a su hermano, tiene muy poco sentido decir que ama a Dios.

EL MANDAMIENTO DE CRISTO
La segunda razón por la cual debe restaurar sus relaciones es porque Cristo lo ordena así.

Trate de escribir de memoria Mateo 5:23-24 en el espacio provisto en el margen. Luego, lea Mateo 18:21-22 y Juan 13:34-35 y escriba _verdadero o falso_ **en cada una de las declaraciones que siguen.**
_____ **Según Mateo 5:23-24, usted debe restaurar las relaciones sólo si la otra persona lo ha agraviado a usted.**
_____ **Según Mateo 18:21-22, usted debe perdonar 77 veces.**
_____ **Según Juan 13:34-35, no se espera que usted ame a los demás tal como Cristo lo amó a Usted.**

Los tres pasajes le ordenan restaurar las relaciones, no importa quién ha cometido la falta. Usted debe perdonar una y otra vez. Cristo le demostró como amar a otros, y se espera que usted ame de la misma manera que Él lo amó. La segunda respuesta es verdadera y las demás son falsas.

UN TESTIMONIO AL MUNDO
Tercero, usted debe restaurar sus relaciones para testificar a los inconversos de este mundo. Jesús le dijo a sus discípulos que las personas los identificarían fácilmente.

Lea Juan 13:34-35. Señale, según dice este pasaje, cuál es la marca de un verdadero discípulo.
❑ **Un acento de Galilea**   ❑ **Amarse unos a otros**
❑ **El símbolo del pescado**

Jesús les dijo que amarse los unos a los otros identificaría a sus verdaderos discípulos. ¿Cómo puede hablarles a otros del amor de Dios si no demuestra amor por los demás creyentes? Igual que Dios se reconcilio

Porque si perdonáis a los hombres sus ofensas, os perdonará también a vosotros vuestro Padre celestial; mas si no perdonáis a los hombres sus ofensas, tampoco vuestro Padre os perdonará vuestras ofensas (Mateo 6:14-15).

Si alguno dice: Yo amo a Dios, y aborrece a su hermano, es mentiroso. Pues el que no ama a su hermano a quien ha visto, ¿cómo puede amar a Dios a quien no ha visto? Y nosotros tenemos este mandamiento de él: El que ama a Dios, ame también a su hermano (1 Juan 4:20-21).

Mateo 5:23-24:

_____

_____

_____

_____

Entonces se le acercó Pedro y le dijo: Señor, ¿cuántas veces perdonaré a mi hermano que peque contra mí? ¿Hasta siete? Jesús le dijo: No te digo hasta siete, sino aun hasta setenta veces siete (Mateo 18:21-22).

Un mandamiento nuevo os doy: Que os améis unos a otros; como yo os he amado, que también os améis unos a otros. En esto conocerán todos que sois mis discípulos, si tuviereis amor los unos con los otros (Juan 13:34-35).

Y todo esto proviene de Dios quien nos reconcilió consigo mismo por Cristo, y nos dio el ministerio de la reconciliación (2 Corintios 5:18).

con el mundo por medio de Cristo, a usted se le ha dado el ministerio de la reconciliación. Lea 2 Corintios 5:18 en el margen.

La forma de tratar a las personas demuestra la relación que tiene con Cristo. Hay personas observando su ejemplo sobre cómo vivir la vida cristiana. Si le oyen decir que es cristiano, pero sus actitudes demuestran amargura, falta de perdón o un espíritu crítico, sus palabras no les servirán de nada.

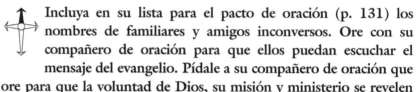 **Incluya en su lista para el pacto de oración (p. 131) los nombres de familiares y amigos inconversos. Ore con su compañero de oración para que ellos puedan escuchar el mensaje del evangelio. Pídale a su compañero de oración que ore para que la voluntad de Dios, su misión y ministerio se revelen en su vida. También pídale que ore para que usted pueda ser un ejemplo entre quienes los rodean.**

Use el formulario Índice de relaciones para comprender mejor sus relaciones.

TESTIFIQUEMOS PARA EL MAESTRO

A medida que estudie este material, quizás sienta el deseo de mejorar sus relaciones interpersonales con personas en su vida y tomar medidas para prevenir problemas en sus relaciones. Puede usar el índice de relaciones de la página 132 con miembros de la familia y amigos cercanos para hablarles sobre sus relaciones y mejorarlas.

 Lea "Cómo usar el formulario Índice de relaciones".

CÓMO USAR EL FORMULARIO "ÍNDICE DE RELACIONES"
Use el formulario Índice de relaciones de la página 132 con sólo una persona a la vez. Haga copias para usar con otros. Cada persona necesitará un formulario individual.

1. Examine el formulario. Fíjese que tiene siete características de cocientes de relaciones que usted evaluará. Cada índice tiene dos extremos, tales como "cerrado, abierto" en las relaciones que usted tiene y "no oye, oye" en sus relaciones como oyentes. Entre ambos extremos hay una línea con siete marcas que indican en qué grado cada persona demuestra esa característica. Las palabras *él/ella* sobre la línea y *yo* debajo de la línea indican que usted debe registrar la evaluación del índice de la relación con la otra persona en la parte superior de la línea y su propia evaluación de dicha relación en la parte inferior de la línea.
2. Asegúrese de que cada uno entienda el significado de cada índice de relación.
   a. *Índice de relaciones de comunicación.* ¿Habla con la otra persona sobre sus sentimientos más profundos, o los guarda para sí? ¿Generalmente debe adivinar cómo se sienten los demás?
   b. *Índice de relaciones oyente.* ¿Escucha atentamente y comprende a la otra persona, o no le hace caso? ¿Le responde por

costumbre o realmente la presta atención a lo que dice?

c. *Índice de relaciones de cuidado mutuo.* ¿Usted respalda, alienta, ayuda y cuida? ¿Es leal, o desanima, es negligente, entorpece, abandona a la otra persona? ¿Sabe que la otra persona siempre se interesa en buscar lo mejor para usted?

d. *Índice de relaciones de afirmación.* ¿Reafirma usted a cada persona elogiándola o hablando bien de él o ella a la persona y /o a otros, o por lo general la crítica, desprecia, culpa, reprime o condena?

e. *Índice de relaciones espirituales.* ¿Habla íntimamente con cada uno de ellos acerca de su travesía espiritual? ¿Comunica abiertamente qué le está ocurriendo en su relación con Dios, batallas, victorias y sueños? ¿O permanece distante, cerrado o incomunicado acerca de su estado espiritual?

f. *Índice de relaciones de desarrollo.* ¿Ayuda a la otra persona a sentirse libre para crecer y llegar a ser todo lo que Dios quiere, o la manipula y restringe para que haga o sea lo que usted quiere?

g. *Índice de relaciones físicas.* ¿Es afectuoso? ¿Se relaciona apropiadamente en el área física con la otra persona, o es insensible, desinteresado o frío?

3. Cada miembro de la familia o amigo debe completar individualmente el formulario del índice de relaciones sin mirar lo que la otra persona contesta. Cada uno debe seguir estas instrucciones:

a. Sobre cada línea del formulario, ponga una marca que indique la manera en que la otra persona se relaciona con usted.

b. Debajo de cada línea del formulario, ponga una marca que indique en que usted se relaciona con la otra persona,

4. Después que usted y la otra persona hayan completado los formularios, compare las evaluaciones. Cada uno debe explicar por qué evaluó al otro en esa forma, prestando atención especial a las razones por las cuales las evaluaciones son distintas. Las razones para las diferentes percepciones de la relación son tan importantes como las mismas diferencias.

5. Intercambie ideas sobre qué puede hacerse para mejorar la relación en cada área. Lo más importante que debe hacer es escuchar. Trate de entender lo que dice la otra persona. No trate de defenderse. No esté a la defensiva y ni argumente sobre la manera en que la otra persona lo calificó. Estas son evaluaciones sinceras, aunque le gusten o no. No condene ni culpe. Si no está de acuerdo con la otra persona, tal vez pierda una avenida de comunicación que estaba comenzando a formarse. Si usted calificó a la persona con un índice más alto del que él o ella usó, puede alentarla explicándole por qué.

6. Preste atención a las áreas en donde su calificación ha sido baja. Decida que hará para mejorarlas. Comente que pueden hacer juntos para mejorar estas relaciones.

¿Ayuda a la otra persona a sentirse en libertad para crecer y llegar a ser todo lo que Dios quiere?

Comente qué pueden hacer juntos para mejorar dicha relación.

GUÍA DIARIA DE COMUNIÓN CON EL MAESTRO

MATEO 5:21-48

Qué me dijo Dios:

_____

_____

_____

_____

_____

_____

_____

_____

Qué le dije yo a Dios:

_____

_____

_____

_____

_____

_____

_____

_____

7. Identifique el índice de relación en el que necesita más ayuda y comience a desarrollar un plan para mejorar en esta área. Cualquier marca a la izquierda de la barra del centro en su formulario o en el de la otra persona demuestra que es necesario trabajar en ese índice de relaciones en particular. Pídale a la otra persona que lo ayude. Tal vez su actitud sea la causa por la cual la otra persona se diera una calificación baja. Por ejemplo: Quizás la otra persona marcó "cerrado" en el área de comunicación porque no sabe cuál sería su reacción si él o ella fuera más sincera.

8. El propósito del formulario Índice de relaciones no es una evaluación profesional, ni clínica de las relaciones con los demás. Por el contrario, es una herramienta para comenzar a hablar acerca de sus relaciones. Tal vez necesite pedir ayuda para resolver las dificultades. Ore acerca de la relación interpersonal. Comprométase a ayudar y dejarse ayudar para desarrollar una mejor relación.

 Complete el formulario Índice de relaciones con su cónyuge, un miembro de la familia, o un amigo allegado antes de la próxima sesión de grupo.

 Hoy, durante su devocional, lea Mateo 5:21-48 que describe como usted debe tratar a los demás. Luego complete la guía diaria de comunión con el Maestro en el margen.

DÍA 3

Cómo dar los primeros pasos

Mi ex pastor, Tom Elliff, experimentó un dolor tan profundo que se amargó. Cuando Tom buscó de Dios un mensaje acerca de cómo perdonar, aprendió varias lecciones basadas en Mateo 18:

- El perdón es una decisión deliberada de la voluntad. Aunque la otra persona nunca le pida perdón, usted puede anticiparse y decir: "Decidí que no estás más en deuda conmigo".

- Satanás lo tienta a juzgar nuevamente en sus emociones el caso de esa persona y recordarle cuanto lo hizo sufrir. Pero usted puede responder: "No, el 12 de julio deliberadamente tomé la decisión voluntaria de perdonar a dicha persona".

- El perdón lo saca del tormento. La falta de perdón puede, incluso, afectarlo físicamente y hacerle más daño.

- Cuando usted perdona a alguien, deja el caso en la corte de Dios diciéndole: "Confío en que tú, en tu soberana misericordia trates con esta persona de una manera mejor que la mía".

- El perdón lo motiva a confiar en los recursos de Dios. Cuando Usted no perdona, es como si estuviera diciendo: "Dios, tú no tienes la llave de mi felicidad. Esa persona la tiene". Cuando usted perdona, depende del perdón de Dios que está a su disposición.

EL PELIGRO DEL RESENTIMIENTO

Tratar que una mala relación personal se convierta en una buena, requiere una gran dosis de iniciativa y coraje personal. Es necesario hacerlo para iniciar el proceso de reconciliación. Tal vez esté tentado a posponer cualquier que se refiera a esa relación, pensando que necesita esperar algún tiempo.

El autor de Hebreos explicó el daño de no resolver inmediatamente esta situación.

Lea Hebreos 12:15 en el margen y subraye los peligros que se especifican.
- **La persona puede olvidarse de esto.**
- **Tal vez decida no perdonar a dicha persona.**
- **El resentimiento puede crecer y contaminar a muchos.**

Mirad bien, no sea que alguno deje alcanzar la gracia de Dios; que brotando alguna raíz de amargura, os estorbe, y por ella muchos sean contaminados (Hebreos 12:15).

Si usted pospone la iniciativa de mejorar dicha relación quebrantada, la raíz del resentimiento comenzará a crecer. ¿Ha conocido a una persona resentida? Puede estar seguro que el problema comenzó por la falta de perdón y el resentimiento, que crecieron hasta consumir la personalidad y entonces comenzó a contaminar a los demás. El resentimiento puede consumirlo y acabar con sus energías. Si actúa rápidamente, la energía malgastada en el resentimiento que produce una relación quebrantada puede ser canalizada en otras áreas. El espíritu de reconciliación debe ser una marca distintiva de los creyentes.

En esta semana memorice Mateo 5:23-24. Jesús describe a un discípulo que reconoció la necesidad de enmendar una relación quebrantada. Primero vea cuándo de este pasaje puede decir de memoria. Luego responda esta pregunta: ¿Dónde estaba el discípulo cuando reconoció esto?

El espíritu de reconciliación debe ser una marca distintiva de los creyentes.

_____

De acurdo a este pasaje, el discípulo estaba junto al altar cuando entendió que algo estaba fuera de lugar en su relación. En la presencia de Dios usted puede reconocer las necesidades y problemas en sus relaciones. Según deje actuar al Espíritu de Dios, Él examinará su corazón y le dará conciencia de pecado. Le hará saber su voluntad con respecto a sus actitudes y acciones.

Mateo 5:23-24 también describe el proceso de enmendar una relación quebrantada. No especifica si la persona que estaba junto al altar era el ofensor o la que había sido ofendida. Pero dice que si recuerda que su hermano tiene algo en contra suya, usted debe buscar la reconciliación.

Si confesamos nuestros pecados, él es fiel y justo para perdonar nuestros pecados y limpiarnos de toda maldad (1 Juan 1:9).

Si usted es la causa de la ofensa, ¿qué debe hacer según 1 Juan 1:9 que aparece en el margen.

_____

Todas las personas, sin excepción, pecan, pero Dios promete que será fiel en perdonar nuestros pecados cuando los confesamos. No tenemos que preguntarnos si Él nos perdonará porque sí lo hará.

Usted también debe confesar a la persona que ofendió, la ofensa específica, pidiéndole perdón.

¿Cuál es la mejor forma de abordar el problema?
❏ **"Me equivoqué, pero si tú no hubieras…"**
❏ **"Si te he faltado, perdóname"**
❏ **"Siento mucho que estés enfadado conmigo"**
❏ **"No debí hacer _____. ¿Me perdonas?"**

Su confesión no es condicional. No ocurre con una actitud de "si tal vez", o "quizás". Aborda el problema cuando hay conciencia de pecado. El hecho que provoca o aligera su ira es inmaterial. Su responsabilidad es confesar su pecado y pedir perdón.

CAPACITACIÓN EN EL MINISTERIO
La siguiente sección le enseñará habilidades para enfrentar a otra persona cara a cara y resolver las dificultades.

CÓMO BUSCAR LA RECONCILIACIÓN
Un espíritu carente de perdón tal vez es el obstáculo que más daño le hace a la obra del Señor y al reavivamiento espiritual entre sus hijos. Esta actitud impide la reconciliación. Si usted ha llevado esta carga por años, es hora de que se libere de ella. La Biblia nos da mandamientos e instrucciones muy claras respecto a la reconciliación.

La Biblia es clara en cuanto al mandato de la reconciliación.

Sus responsabilidades
1. Busque la paz: *Seguid la paz con todos, y la santidad, sin la cual nadie verá al Señor* (ver Heb. 12:14).
   a. Busque reconciliarse con cualquiera que le disguste, que ha ofendido o a quien no ha perdonado.
   b. Trate de reconciliarse con quien tenga algo en contra suya, sea usted el equivocado o no.
   c. Trate de reconciliarse con cualquiera que le haya ofendido.
   d. Sea un pacificador (vea Mt. 5:9).
2. Sea puro y santo (vea Heb. 12:14-15).
   a. Busque la purificación personal de Dios antes de intentar reconciliarse con otra persona
   b. Busque tener relaciones puras con los demás para que ellos puedan experimentar la gracia de Dios y ser perdonados (vea

Heb. 12:15).

c. Diligentemente busque oportunidades para sembrar la paz en lugar de propagar chismes o hablar de otros.

3. Evite la amargura y el resentimiento (vea Heb. 12:15).

a. Los pecados sin perdonar siembran raíces de amargura que dan frutos malos y son motivos para que muchos se contaminen (vea Heb. 12:15).

b. Las relaciones irreconciliadas desarrollan raíces de amargura que continuamente empeoran la relación.

Sus recursos

1. Usted tiene el perdón de Dios (vea Mt. 18:21-35).

a. Dios le ha perdonado a usted un pecado mucho más grave que el pecado que cualquier persona podría haber cometido en contra suya. Su pecado llevó al Hijo de Dios a la cruz.

b. Usted puede perdonar a otros porque ha sido perdonado. Ellos no serán capaces de perdonar si no experimentan la gracia, el amor y el gozo que usted tiene (vea Mt. 18:23-35).

2. Usted tiene comunión con Dios (vea 1 Juan 1).

a. Ande abierta y honestamente con Dios en la luz, tal como lo hizo Jesús. No trate de esconder alguna cosa de Dios.

b. Ande abierta y honestamente con otros en la luz. Confiese sus pecados a los demás creyentes como también a Dios (vea Stg. 5:16).

c. Dios quiere que usted experimente una comunión plena con Él y los demás. Para restaurar las relaciones confiese abiertamente sus pecados a Dios y los demás.

3. Si el Espíritu Santo le ha señalado su necesidad, tenga la certeza de que Él obrará en la otra persona, o que se valdrá de usted para ayudar a la otra persona a tomar conciencia de la convicción del Espíritu Santo.

Su reconciliación

1. Reconcíliese en privado. Busque un lugar donde pueda hablar con la otra persona sin Interrupciones.

2. Confiese sus faltas. (Si el Espíritu Santo no lo ha convencido de haber pecado, omita el paso 2 y siga con el 3).

a. La manera correcta para confesarse es:

• Diga: "He estado pensando mucho acerca de nuestra relación y el Señor me ha mostrado mi (declare su actitud equivocada) contigo y mis acciones cuando yo (declare la acción equivocada). Las posibles actitudes erróneas son: No perdonar, amargura, resentimiento, orgullo y crítica. Acciones erróneas serían: Ignorarte, evitarte, hablar de ti, criticarte, discutir contigo, tratar de destruirte, avergonzarte, burlarme de ti, molestarte o provocarte y tentarte. No califique su petición diciendo: "Quizás yo he…" o "si hubiera…"

Dios le ha perdonado de un pecado mucho más grave que el pecado que cualquier persona pueda haber cometido en contra suya.

Confiese sus faltas.

Usted esta confesando un pecado que el Espíritu Santo le ha señalado. No trate de menguar dicha convicción de pecado persuadiendo a la otra persona para que minimice o absuelva su pecado. Tal vez la otra persona haya obrado mal, pero si usted respondió con una actitud o acción errónea, confiese su pecado y permítale al Espíritu Santo que obre en la otra persona demostrándole el pecado que cometió.

• Continúe diciendo: "Le he pedido a Dios que me perdone, y creo que Él lo ha hecho. Ahora me gustaría pedirte que me perdones". Use la palabra *perdón* y urja a la otra persona para que le diga que lo perdona, si realmente es así. Por lo general, la otra persona trata de minimizar su equivocación para evitar la responsabilidad de perdonarlo diciéndole: "No es nada"; "yo he hecho lo mismo" o "no te preocupes". Dígale algo así: "No sé cómo te parece a ti, pero para mí es importante saber que me perdonas. Si puedes perdonarme, por favor, dímelo". Si la persona no lo perdona, dígale: "Siento mucho lo que te he hecho y espero que algún día me perdones.

b. La manera incorrecta de confesarse es culpar a la otra persona o minimizar el pecado suyo, diciendo: "Creo que me es posible entenderme contigo" o "he actuado erróneamente, pero tú me has hecho…(mencione el hecho) y yo…" Estas declaraciones dejan ver que la otra persona está realmente en falta.

Pregúntele a la persona si usted la ha ofendido de alguna manera.

3. Pregúntele a la persona si usted la ha ofendido de alguna manera.

a. Si responde que sí, pídale que le diga cómo la ha ofendido. Escuche y trate de entender la situación desde el punto de vista de la otra persona.

• Si lo que dice la persona es cierto, pídale perdón.

• Si no es cierto, manifieste la verdad tan objetivamente como pueda.

• Si los hechos son veraces pero la otra persona malinterpretó el motivo de los hechos, dígale que no fue su intención que lo interpretara de tal manera, o que nunca había visto la situación así. Prometa ser más cuidadoso en su manera de obrar en el futuro. Asegúrele a la persona que usted obra con la mejor intención.

b. Si la persona dice que no, pregúntele por qué cree que la relación con usted no ha sido buena.

• Hable acerca de los problemas que han surgido.

• La persona puede sentir que en realidad no hay ningún problema. Si es así acepte su opinión y comprométanse a ayudarse y quererse mutuamente.

Si otra persona ha pecado en su contra, exprese sus sentimientos hacia dicha persona en un espíritu de amor.

4. Si la otra persona ha pecado en su contra, exprésele sus sentimientos en un espíritu de amor (Ver Mateo 18:15-17; Gl. 6:1).

a. No ignore el problema. La tendencia es dejarlo pasar. Si usted ignora el problema, se asegurará de no "alcanzar la gracia de Dios" (Heb. 12:15). Al enfrentar el problema, usted puede ayudar a la otra persona a buscar el perdón de Dios. Tal vez la persona ni siquiera reconozca el problema o no sepa que otra persona se ha dado cuenta de ella.

b. Use un lenguaje que exprese sus sentimientos con respecto a su obrar, mejor que un lenguaje acusativo. Por ejemplo, comience diciendo: "Me sentí herido cuando supe que no me invitabas a participar de esa comisión para servir el año próximo" o "me sentí avergonzado al saber que hiciste esos comentarios sobre mi persona". Comenzar la conversación: "Tú me hiciste… (mencionado el hecho)", pondrá automáticamente a la otra persona en una actitud defensiva y disminuirá la posibilidad de que escuche la sinceridad de sus sentimientos sin embargo, la otra persona tiene dificultad para discutir el que usted se sienta herido, avergonzado o temeroso.

c. Si con su súplica en privado no logra la reconciliación, pídale a un creyente más maduro que lo ayude.

d. Si la cuestión no puede resolverse, existe la posibilidad de hacer participar a la congregación para encontrar la reconciliación. Hasta este último intento puede fallar y el alejamiento aún es una realidad. La actitud y el rechazo de la persona para lograr la reconciliación pueden llevarla a separarse de usted y la congregación. Sin embargo, la Escritura declara que su actitud debe ser de permanente amor, y deseos de reconciliación.

e. Recuerde que usted está buscando la reconciliación, no la justificación o reivindicación. El proceso aquí mencionado es válido solamente cuando usted lo sigue con un deseo sincero y amoroso de restaurar la comunión quebrantada con su hermano o hermana en la fe.

5. Oren juntos para que Dios los ayude a andar en su luz y en el futuro tener una relación pura y sincera.

6. Con un espíritu de oración examine todas sus relaciones.
   a. Haga una lista de personas con quienes debe reconciliarse.
   b. Use esta guía de reconciliación, comenzando con la situación más difícil.
   c. Continúe buscado la reconciliación hasta cumplir con el mandato de Dios: *Si es posible, en cuanto dependa de vosotros, estad en paz con todos los hombres* (Ro. 12:18).

Pídale al Espíritu Santo que le revele cualquier relación personal que necesite de la reconciliación. Tal vez quiera escribir las iniciales del nombre de la persona en el margen. Refiérase a esta guía de reconciliación para pensar en los pasos a seguir para lograr que esta relación sea saludable. Mañana aprenderá algunos pasos adicionales.

 Durante su devocional de hoy lea Mateo 18:21-35, un pasaje acerca del perdón. Luego complete la guía diaria de comunión con el Maestro que aparece en el margen.

GUÍA DIARIA DE COMUNIÓN CON EL MAESTRO

MATEO 18:21-35

Qué me dijo Dios:

_____

Qué le dije yo a Dios:

_____

DÍA 4

Reparar daños

Ayer aprendió la importancia de confesar y pedir perdón. Pero es necesario ir aún más lejos. Después de pedir perdón, se necesita restituir. Después que Zaqueo confesó su falta, prometió restaurarla devolviendo cuatro veces lo que había tomado injustamente. Lea Lucas 19:8 en el margen.

Entonces Zaqueo, puesto de pie, dijo al Señor: He aquí, Señor, la mitad de mis bienes doy a los pobres; y si en algo he defraudado a alguno, se lo devuelvo cuadruplicado (Lucas 19:8).

¿Cuál de las siguientes opciones constituye la restitución adecuada?
❏ **1. Decir a las personas afectadas que usted estaba equivocado.**
❏ **2. Retractarse públicamente por las difamaciones, mentiras o chismes dichos.**
❏ **3. Devolver lo que ha robado.**
❏ **4. Reparar o restituir el daño material.**
❏ **5. Ofrecerse para ayudar con alguna tarea o proyecto.**

Reparar los daños va más allá de decir "lo siento". Hace que su disculpa sea práctica. Reparar los daños implica hacer cuanto está a nuestro alcance para restaurar los daños que las palabras o los hechos pudieron causar. Todas las opciones que se presentaron anteriormente son válidas con excepción de la 5. Ofrecerse a ayudar con alguna tarea o proyecto podría reparar el daño si tuviera relación directa. Realizar una tarea o un proyecto que no tenga relación con el daño hecho es más una penitencia que una restauración.

En el siguiente caso de estudio subraye las frases que demuestren cómo Samuel reparó los daños ocasionados.

Samuel no confiaba en Juan, y en el trabajo divulgó mentiras acerca de Juan para desacreditarlo. Los compañeros de trabajo comenzaron a despreciar a Juan porque creían en lo que Samuel decía. Pero pasado un tiempo, Samuel reconoció que su apreciación no era correcta. Descubrió que Juan era decente y honrado. Después de conocer mejor a Juan se dio cuenta de que podía confiar en él.

Samuel se sintió mal por las cosas que había dicho de Juan y le pidió perdón. Samuel buscó a cada una de las personas con quien antes había difamado a Juan y admitió su mentira y culpa. Luego se valió de su influencia en el trabajo para que nombraran a Juan como miembro de una de las comisiones en donde su confiabilidad se haría evidente.

Seguramente usted ha subrayado la mayor parte de las dos últimas oraciones. Samuel trató de corregir su error y restaurar la situación en el trabajo. Su actitud fue más allá de las palabras, reparó los daños y fue aun más lejos hasta restaurar el buen nombre de Juan.

TOME LA INICIATIVA

Si un creyente lo ha ofendido, tal vez esté tentado a esperar a que la otra persona tome la iniciativa y resuelva el problema. Sin embargo, de acuerdo a Mateo 18:15-17, Jesús enseñó que la persona ofendida tomara la iniciativa.

Lea Mateo 18:15-17 en el margen y enumere estos sucesos en el orden adecuado.

_____ Si la reconciliación no se logra con la presencia de un testigo, lleve el caso a la iglesia.

_____ Diríjase a la persona que lo ofendió para reconciliarse.

_____ Si los dos están de acuerdo, la relación ha sido restaurada.

_____ Un creyente lo ha ofendido.

_____ Si el ofensor rehúsa reconciliarse, pídale a dos o más hermanos en la fe que lo ayuden a lograrlo.

_____ Si el ofensor rehúsa escuchar el consejo de la iglesia, trátelo como a un pecador.

Por tanto, si tu hermano peca contra ti, ve y repréndele estando tú y él solos; si te oyere, has ganado a tu hermano. Mas si no te oyere, toma aún contigo a uno a dos, para que en boca de dos o tres testigos, conste toda palabra. Si no los oyere a ellos, dilo a la iglesia; y si no oyere a la iglesia, tenle por gentil y publicano (Mateo 18:15-17).

Para que la buena comunión con el cuerpo continúe, los creyentes deben resolver sus conflictos. Si un creyente ofende a otro, debe hacer el esfuerzo por resolver el problema; el desacuerdo debe superarse. Si esto no funciona, los amigos pueden ayudarlo a reconciliarse. Si este esfuerzo no resuelve el problema, debe pedirle ayuda al cuerpo. Si este último intento fracasa, la persona ha demostrado que no le interesa la comunión entre los hermanos y por lo tanto debe separarse de la iglesia. El orden correcto de las respuestas es: 5, 2, 3, 1, 4 y 6.

Si todos los intentos fracasan y el otro creyente no quiere reconciliarse, la Escritura dice que debe tratarlo como a un pecador. La Escritura no dice que la persona ha dejado de ser su hermano o hermana en Cristo, ni tampoco dice que el ofendido ni la iglesia tienen el derecho de tomar represalias, ser vengativos o dejar a dicha persona de lado. Todos somos pecadores. La actitud del ofendido para con el ofensor debe ser de amor y profunda preocupación. Las relaciones cambian, no así las actitudes cristianas.

La actitud del ofendido para con el ofensor debe ser de amor y profunda preocupación.

 Continúe memorizando los versículos de esta semana, Mateo 5:23-24. Describa cómo quiere aplicar estos versículos a su vida y usarlos para resolver alguna dificultad en una relación interpersonal.

TESTIFIQUEMOS PARA EL MAESTRO

Tal vez, al pensar en la reconciliación, recuerde la "Gráfico de círculos de influencia" de *Vida Discipular 3: La victoria del discípulo.* Si las relaciones interpersonales con quienes usted tiene en dicha lista no andan bien, será imposible llevarles el evangelio.

Oscar Thompson, profesor del seminario, resumió esta verdad en su libro *Concentric Circles of Concern* de la siguiente manera: Dios nos

GUÍA DIARIA DE COMUNIÓN CON EL MAESTRO

1 JUAN 4:7-21

Qué me dijo Dios:

_____

_____

_____

_____

_____

_____

_____

Qué le dije yo a Dios:

_____

_____

_____

_____

_____

_____

_____

_____

_____

_____

hace responsables por cada uno de los que Él trae a nuestros círculos de influencia. "Cuando quebrantamos las relaciones horizontalmente (con nuestros semejantes), también las quebrantamos verticalmente con Dios". Thompson nos dice esto porque sabe que tratamos de huir de estos problemas de relaciones con nuestros amigos o parientes y en su lugar, llegar a personas que apenas conocemos para acallar nuestra conciencia. Cuando esto sucede, él dice: "No es que conozcamos al Señor, sino que Él no es realmente el Señor de nuestras vidas. No le estamos permitiendo que sea el Señor de todo y que acepte personas en sus condiciones… Si realmente somos sinceros, verdaderamente desearemos enseñar el evangelio a los más allegados a nosotros".

Un día, mientras Thompson explicaba este concepto en clase, un alumno llamado Jim expresó su conflicto con respecto a esa manera de testificar. "Mi padre nos abandonó a mi madre y a mí hace 26 años y medio", dijo llorando. "Tengo 27 años y nunca lo he visto. Ni tampoco quiero verlo". El profesor le respondió: "Si no puedo perdonar a otro fundamentándome en la infinita gracia de Dios, entonces Él tendrá serias dificultades en perdonarme a mí. Su padre no merece el perdón, pero ni usted ni yo tampoco lo merecemos".

Jim le replicó que desconocía el paradero de su padre, y que ni siquiera sabía si aún estaba vivo. Thompson le dijo: "Eso no importa. Su problema es la actitud. Entrégueselo a Dios, espere que Él le diga qué hacer y deje eso tranquilo. Si Dios lo ayuda a encontrar a su padre, usted sabrá que hacer".

"Las semanas pasaron, pero un día Jim irrumpió en la clase para contarnos que debido a una serie de acontecimientos que provocaron una muerte en la familia, su padre lo llamó inesperadamente. El padre le dijo que había sabido que él estaba estudiando para el ministerio. Quería que Jim supiera que ahora él era cristiano. El padre le pidió perdón y le rogó que le permitiese asistir a su graduación.

"En mayo de ese mismo año, íbamos marchando en el procesional de los actos de graduación", escribió Thompson. "Alguien me sacó de la fila. Era Jim. Me llevó hasta donde estaba aquel pequeño hombre de lentes trifocales. Con lágrimas en sus ojos me dijo: 'Dr. Thompson, este es mi padre'".[1]

 En su lista para el pacto de oración escriba los nombres de las personas en su círculo de amistades que no conocen a Cristo. Luego pídale a Dios que a medida que se relaciona con ellos quite cualquier resentimiento o falta de perdón que haya en su vida hacia esas personas.

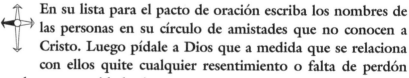 **Durante su devocional de hoy, lea en 1 Juan 4:7-21 sobre el amor de Dios y su amor por los demás. Luego complete en el margen la guía diaria de comunión con el Maestro.**

DÍA 5

❧

Vivir en paz

El día 4 usted comenzó a explorar el método bíblico para resolver conflictos con los demás. Hoy continuará estudiando este tema.

CÓMO BUSCAR LA RECONCILIACIÓN

En Mateo 18:15-17, en el margen, Jesús nos enseñó a reconciliarnos con los que nos ofenden. En una confrontación cara a cara, de él beneficio de la duda. Esté dispuesto a admitir su parte en el problema o pregunte si ha hecho algo que causara dicha situación. Los problemas entre las personas causan problemas espirituales. L a oración es el medio espiritual que proporciona la solución.

¿De qué manera la oración resuelve el conflicto?

_____

_____

Tal vez haya respondido que la oración le permite reconocer su pecado y le otorga el perdón. La oración también prepara su corazón para ocuparse de la respuesta de la otra persona. El Espíritu Santo prepara las formas de conversación que sean necesaria resolver las dificultades interpersonales.

Mateo 18:15-17 sugiere que quizás sea necesaria la presencia de testigos para verificar sus intentos de reconciliación. La persona que lo acompañe no necesita hablar ni hacer nada en ese intercambio de palabras. La función de la persona es observar o servir de testigo de los hechos y corroborar que usted ha hecho todo lo posible para la reconciliarse. Su presencia es un aliento y apoyo mientras usted busca honrar a Cristo tratando de resolver el conflicto.

El testigo, o pacificador, debe ser un creyente maduro, objetivo y guiado por el Espíritu. En Gálatas 6:1, en el margen, Pablo aconseja a los pacificadores.

Resuma el consejo de pablo con sus propias palabras.

_____

_____

Pablo dice que las personas espirituales deben ayudar al que ha obrado mal, de una manera benévola, a ver su falta. El amor de los unos por los otros incluye la disciplina benévola pero firme, hay que tener cuidado de que el pacificador no caiga en la misma falta que el ofensor. Cuando la relación se ha restaurado, o una vez que han agotado todos los medios

Por tanto, si tu hermano peca contra ti, ve y repréndele estando tú y él solos; si te oyere, has ganado a tu hermano. Mas si no te oyere, toma aún contigo a uno o dos, para que en boca de dos o tres testigos conste toda palabra. Si no los oyere a ellos, dilo a la iglesia; y si no oyere a la iglesia, tenle por gentil y publicano (Mateo 18:15-17).

Hermanos, si alguno fuere sorprendido en alguna falta, vosotros que sois espirituales, restauradle con espíritu de mansedumbre, considerándote a ti mismo, no sea que tú también seas tentado. (Gálatas 6:1).

Si usted oro y bíblicamente expreso delante de Dios su disposición a la reconciliación, no es culpable si la otra persona no está dispuesta a responder debidamente como un creyente en Cristo.

a su disposición, usted está limpio y libre de culpa. Si usted oró y bíblicamente expresó delante de Dios su disposición a la reconciliación, no es culpable si la otra persona no está dispuesta a responder debidamente como un creyente en Cristo. Ante Dios usted está limpio. El perdón de Dios es total, y el suyo también. Perdone a la otra persona sin reservas y perdónese a usted mismo.

 Según Mateo 5:23-24, ¿Dónde termina un creyente el proceso de la reconciliación? Trate de recitar los versículos de memoria antes de responder a la pregunta.

Usted termina en el mismo lugar que empezó: ante Dios en adoración.

Pídale a Dios que le revele a quienes usted haya ofendido o a aquellos que lo han ofendido a usted hasta el punto de no dejarlo adorar en paz. Escriba qué hará para restaurar dicha relación.

PREPÁRESE PARA MINISTRAR

En esta sección, cada semana, se preparará para el ministerio que Dios tiene reservado para usted.

 Complete la siguiente hoja de evaluación personal basándose en lo que usted sabe acerca del Maestro Constructor y las etapas de desarrollo del discípulo.

HOJA DE EVALUACIÓN PERSONAL

Muerto espiritual	Niño espiritual	Discípulo espiritual	Discipulado	Colaborador en el ministerio
_____	_____	_____	_____	_____

1. Haga un círculo alrededor de la etapa más alta a la que ha llegado en su desarrollo espiritual.
2. Escriba en la línea inferior de cada paso, el nombre de la persona a quien está ayudando a desarrollarse para pasar de una etapa a la siguiente.
3. Dibuje el signo de sumar (+) sobre cada etapa que usted debe mejorar.

4. Ordene las siguientes tareas poniendo los números del 1 al 5 en las líneas por encima de las tareas, usando el 1 para la tarea a la que le dedica más tiempo.

Testificar	Consolidar	Formar	Preparar	Comisionar

5. Dados sus dones espirituales, trabajo y las necesidades de la persona a la que este discipulando, califique las tareas según la importancia que usted considere que le debe dar a cada una. Escriba 1 al 5 en las líneas debajo de cada tarea.

6. Tal vez aún no esté trabajando en una o más de las tareas del Maestro Constructor. Haga un círculo a las tareas en donde necesita capacitación adicional.

 Basándose en lo que ha aprendido sobre las relaciones, complete el formulario Índice de relaciones (p. 132), si aún no lo ha hecho, con su cónyuge, un familiar o amigo cercano. Comente lo que aprendió.

 Esta semana, visite por lo menos a un vecino. Dígale que quiere orar por cada miembro (por nombre) de la familia de él o ella. Pregúntele a su vecino si desea mencionarle algún motivo por el cual orar. Escriba los nombres y motivos de oración en su lista para el pacto de oración de la pagina 131. Su oración e interés continuo tal vez le dará la oportunidad de llevar el evangelio más adelante.

Hoy, en su devocional, lea Efesios 4:25-32 que le enseñará cómo tratarse unos a otros. Luego complete la Guía diaria de comunicación con el Maestro que aparece en el margen.

¿QUÉ EXPERIENCIA TUVO ESTA SEMANA?
Repase la sección "Mi andar con el Maestro en esta semana" al comienzo del material para esta semana. Marque las actividades terminadas con una línea vertical en el diamante. Termine toda actividad incompleta. Piense qué dirá durante la sesión de grupo acerca de su trabajo en tales actividades.

Espero que el estudio sobre "Como enderezar relaciones torcidas" le haya servido de ayuda práctica en esta área tan desafiante de su vida cristiana. Usted puede dominar esta técnica dada por Dios para tratar con los demás de una manera que honre a Cristo y abra el camino para ser un misionero de Dios en el mundo.

_____
1. W. Oscar Thompson, Jr., *Concentric Circles of Concern* (Nashville: Broadman Press, 1981), 22-27.

GUÍA DIARIA DE COMUNIÓN CON EL MAESTRO

EFESIOS 4:25-32

Qué me dijo Dios:

_____

_____

_____

_____

_____

_____

_____

Qué le dije yo a Dios:

_____

_____

_____

_____

_____

_____

_____

_____

_____

SEMANA 2

Las relaciones:
Un medio para testificar y discipular

La meta de esta semana

Podrá testificar de su fe, asumir su tarea de discipular a otros y usar la oración como recurso para ministrar a otros.

Mi andar con el Maestro en esta semana

Completara las siguientes actividades para desarrollar las seis disciplinas bíblicas. Cuando haya completado cada actividad trace una línea vertical en el diamante que hay junto a la actividad.

DEDICARLE TIEMPO AL MAESTRO
◇ Tenga en un tiempo devocional cada día. Marque los días en que tenga su devocional:
❏ Domingo ❏ Lunes ❏ Martes ❏ Miércoles ❏ Jueves ❏ Viernes ❏ Sábado

VIVIR EN LA PALABRA
◇ Lea su Biblia diariamente. Escriba qué le dice Dios y qué usted le dice a Él.
◇ Memorice Romanos 6:23.
◇ Repase Mateo 5:23-24.

ORAR EN FE
◇ Ore por los creyentes que participan en ministerios de evangelismo.
◇ Ore por sus vecinos con su cónyuge o compañero de oración.

TENER COMUNIÓN CON LOS CREYENTES
◇ Use el formulario "Cociente de relaciones" con un familiar.

TESTIFICAR AL MUNDO
◇ Escriba los nombres de personas inconversas en la lista del pacto de oración.
◇ Comience a aprender la presentación "El evangelio en la mano".
◇ Visite a sus vecinos y pida que le mencionen motivos de oración.
◇ Estudie el "método para testificar".

MINISTRAR A OTROS
◇ Aprenda las características de una persona incrédula, como se indica en la presentación del Maestro Constructor.

Versículo para memorizar esta semana

Porque la paga del pecado es muerte, mas la dadiva de Dios es vida eterna en Cristo Jesús Señor nuestro (Romanos 6:23).

DÍA 1

❧

Las relaciones son el todo

Al terminar un entrenamiento de *Vida discipular* en Carolina del Sur, oré: "Señor, ayúdame a ser amistoso con las personas que se sienten a mi alrededor en el avión. Tengo la tendencia de dormirme o leer un libro, pero si soy afable podré dar testimonio de mi fe. Ayúdame a descubrir dónde estás obrando y a participar en tu obra".

En el vuelo de Spartanburg a Atlanta, una distancia de quince filas de asientos me separaba de los demás pasajeros. Sin embargo, en el avión que me llevaría de Atlanta a Dallas, se sentaron dos hombres a mi lado. Uno era un boxeador de peso semipesado y el otro era su entrenador. Pensé en diferentes preguntas que podría usar para comenzar a testificarles, pero el Señor no me dijo que usara esas preguntas. Así que por un rato, hable con los hombres sobre otros asuntos.

Finalmente, el boxeador se dirigió a mí y me pregunto: "¿a qué se dedica usted?" Le respondí: "escribí un curso y dirijo un seminario denominado *Vida discipular* que ayuda a las personas a saber cómo controlar sus vidas". Ambos hombres se volvieron hacia mí y casi al unísono preguntaron: "¿Cómo?" Les dije que podemos conocer al Maestro y que Él vive en nosotros. El boxeador dijo: "Mi padre hizo algo parecido no hace mucho tiempo y ahora es otra persona". Le respondí: "Dios está obrando a nuestro alrededor. También Dios está obrando en su vida, ¿verdad?" Él dijo: "Bueno, creo que sí". Luego agrego que su mejor amigo había orado y había cambiado. "Ya no va al bar a beber conmigo los sábados por la noche", agregó. "Realmente es diferente".

Le contesté: "¿Sabe por qué oré yo antes de llegar a este avión? Oré, "Señor, déjame sentarme junto a una persona en cuya vida tú estés obrando". El boxeador respondió: "¡Óigame, eso está fuerte!"

Antes de aterrizar en Dallas, ambos hombres habían orado pidiendo que Cristo fuera Señor y Salvador de ellos. ¿Los gané yo para Cristo? No. Fue la obra del Espíritu Santo. Sin embargo, pude cosechar donde otro había sembrado porque dediqué mi tiempo a cultivar relaciones.

Como ya lo estudio en la semana 1, las relaciones son el todo. Ni el testimonio ni el discipulado son posibles si no hay relaciones. Usted necesita cultivar relaciones a fin de tener oportunidades para testificar y hacer discípulos. Al finalizar esta semana usted podrá:

- Mencionar pasajes bíblicos que describen la condición de las personas muertas espiritualmente;
- Explicar la importancia de alcanzar a los incrédulos;
- Explicar cómo acercarse a las personas cuando usted desea testificar de su fe;
- Mencionar los cuatro grados de receptividad que habitualmente descubrimos al testificar;
- Enumerar las maneras en que Jesús discípulo a otros.

Puede cosechar donde otro había sembrado porque dediqué mi tiempo a cultivar relaciones.

Usted necesita cultivar las relaciones a fin de tener oportunidades para testificar y hacer discípulos.

LA RELACIÓN MODELO

Juan 17 describe la relación modelo de la biblia, la relación entre el Padre y su Hijo, y la relación entre Cristo y sus discípulos. Solo mediante las relaciones usted logrará ganar personas para el Señor o hacer discípulos entre los creyentes. Cristo estableció el modelo para nosotros, primero en su relación con Dios y luego en su relación con aquellos que Dios le encomendó. Jesús hablo de estas relaciones en la última oración que elevó al Padre la noche antes de morir en la cruz. Ese pasaje revela los sentimientos y propósitos que había en el corazón del Señor.

Lea Juan 17:1, en el margen. ¿Cuál era el propósito de Jesús?

_____

Estas cosas hablo Jesús, y levantando los ojos al cielo, dijo: Padre la hora ha llegado; glorifica a tu Hijo te glorifique a ti (Juan 17:1).

El propósito de Jesús era glorificar al Padre. Glorificar al Padre entraña manifestar algo acerca de la persona o la naturaleza de Dios, así como reconocer la prioridad que Dios ocupa en la vida de uno. En su íntima relación con el Padre, Jesús demostró quien era más importante para Él.

En la semana 1 usted aprendió que su misión es glorificar a Dios siendo un discípulo y haciendo discípulos en todas las naciones.

¿Cómo puede usted glorificar al Padre? Marque las respuestas que corresponda o bien agregue otras.
❑ **Apartar diariamente tiempo para dedicarlo al Maestro.**
❑ **Reflejar sus prioridades en la manera de gastar el dinero.**
❑ **Escoger actividades recreativas que honren a Cristo y no hagan tropezar a los demás.**
❑ **Aprovechar las oportunidades para hablar de la bondad del Padre con usted.**
❑ **Otras:** _____

A medida que testifica del evangelio y hace discípulos, usted procura glorificar a Dios tal como lo hizo Jesús. Eso se logra en todas las maneras que aparecen en la actividad anterior.

UN TRABAJO ENCOMENDADO POR DIOS

Lea Juan 17:4, que aparece en el margen. Cuando Jesús mencionó haber "acabado la obra que me diste que hiciese", ¿Cuál era esa obra?

_____

Yo te he glorificado en la tierra; he acabado la obra que me diste que hiciese (Juan 17:4).

Jesús parece referirse a la obra que había hecho al preparar sus discípulos para las tareas que tenían por delante. Su relación con los discípulos era importante para Él. Jesús proporciono así un modelo para usted. La obra que el Padre le ha encomendado es hacer discípulos en todas las naciones. Refresque en su memoria la definición del *discipulado* que leyó en la introducción del presente libro:

El discipulado cristiano consiste en desarrollar una relación personal de obediencia a Cristo durante toda la vida, en la cual Él transformara su carácter a la semejanza de Cristo, reemplazará sus valores por los valores del Reino de Dios y lo hará partícipe en la misión de Cristo en el hogar, la iglesia y el mundo.

En Juan 17:6 Jesús volvió a hablar de dicha obra. Lea el versículo que aparece en el margen.

¿Quién le encomendó a Jesús que enseñara a los discípulos?

_____

Aunque el Nuevo Testamento describe el llamado de los discípulos hechos por Jesús, el Padre fue quien se los encomendó. Siga este modelo cuando haga discípulos. Dios proporciona las personas para que usted les testifique, les enseñe, las forme y les sirva de modelo. Ellos no son discípulos suyos; Dios se los encomienda. Cuando usted acepta enseñar una clase de la Escuela Dominical, dirigir un estudio de discipulado, o discipular a una persona, asegúrese de que esa es la voluntad de Dios para usted y que no es sólo la noción de que otras personas necesitan su orientación. Si hace algo para glorificarse a usted mismo, Dios no lo usará como instrumento suyo ni bendecirá la inversión de su tiempo.

En Juan 17:6, ¿Quién le dio el trabajo a Jesús? _____

El Padre trabajaba (lea Juan 5:17, en el margen) y le dio a Jesús parte de ese trabajo. Aunque parezca sorprendente, Jesús no lo hizo todo. Él hizo lo que el Padre le encomendó hacer: Ser el Hijo de Dios, enseñarle a los discípulos y reconciliar al mundo con Dios. En efecto, él efecto, el dijo: _He manifestado tu nombre a los hombres que del mundo me diste._

¿A quién le ha encomendado Dios para discipular?

_____

¿Ora usted fervientemente para que Dios le encomiende personas para discipular? ❏ Sí ❏ No

¿Le atribuye usted a Dios el mérito de lo que le revela para discipular a otra persona? ❏ Sí ❏ No

Todo lo que usted dice y hace ¿contribuye para acercar a tales personas a Jesús? ❏ Sí ❏ No

Deténgase y pídale a Dios que lo ayude con las respuestas que dio a estas preguntas. Pídale que lo ayude a ver la relación de Jesús con el Padre como un modelo. Pídale que lo guíe a otras personas para discipular.

He manifestado tu nombre a los hombres que del mundo me diste; tuyos eran, y me los diste, y han guardado tu palabra (Juan 17:6).

Y Jesús les respondió: Mi Padre hasta ahora trabaja, y yo trabajo (Juan 5:17).

No hay quien entienda. No hay quien busque a Dios (Romanos 3:11).

Pero el hombre natural no percibe las cosas que son del Espíritu de Dios, porque para él son locura, y no las puede entender, porque se han de discernir espiritualmente (1 Corintios 2:14).

Y él os dio vida a vosotros, cuando estabais muertos en vuestros delitos y pecados, en los cuales anduvisteis en otro tiempo, siguiendo la corriente de este mundo, conforme al príncipe de la potestad del aire, el espíritu que ahora opera en los hijos de desobediencia, entre los cuales también todos nosotros vivimos en otro tiempo en los deseos de nuestra carne, haciendo la voluntad de la carne y de los pensamientos […] (Efesios 2:1).

GUÍA DIARIA DE COMUNIÓN CON EL MAESTRO

JUAN 17

Qué me dijo Dios:

_____

_____

_____

_____

_____

_____

_____

_____

_____

_____

Qué le dije yo a Dios:

_____

_____

_____

_____

_____

_____

_____

_____

_____

_____

Si todavía no ha seleccionado personas para discipular, asegúrese de hacerlo pronto. Las tareas del resto de este estudio darán por sentado que usted discípula activamente a otras personas.

 El versículo para memorizar esta semana, Romanos 6:23, resume lo que Jesús vino a enseñar y predicar. ¿Cuál es ese mensaje? Después de responder, pase a la página 28 y lea dicho versículo en voz alta de una a tres veces para comenzar a memorizarlo.

_____

El mensaje dice que la paga del pecado es muerte. Antes que una persona oiga las buenas noticias de salvación en Jesús, está muerta espiritualmente porque vive en pecado. Debido a que esta persona no goza del don de Dios, que es la vida eterna, esta destinada a morir.

 UNA MISIÓN CON EL MAESTRO
Vuelva a leer el Maestro Constructor (pp. 123-127), con un énfasis especial en las enseñanzas acerca de la persona muerta espiritualmente. Al finalizar el estudio usted podrá dibujar dicho diagrama y explicar la presentación en sus propias palabras.

Lea Romanos 3:11,1 Corintios 2:14 y Efesios 2:1-3 a en el margen de la página anterior. Subraye las palabras o frases que describen a una persona espiritualmente muerta.

Estos versículos señalan que la persona espiritualmente muerta no entiende, no busca a Dios ni acepta las cosas del Espíritu, sino que sigue los caminos del mundo. Tal persona sigue a Satanás y gratifica los deseos de su naturaleza pecaminosa. Más adelante durante esta semana, aprenderá más acerca de esa persona y cómo puede ayudarla.

 Pídale a Dios que le recuerde personas espiritualmente muertas. Escriba los nombres en la Lista para el pacto de oración (p. 131). Pídale a Dios que en su corazón sienta compasión por esas personas.

En su Lista para el pacto de oración (p. 131) escriba los nombres de personas en ministerios evangelísticos, como la iglesia, televisión, individual y grupo. Ore por estas personas.

En su devocional de hoy lea Juan 17, el cual está estudiando esta semana. Luego complete la guía diaria de comunión con el Maestro que aparece en el margen.

DÍA 2

&

Enseñanzas de la obediencia

La obediencia es otro aspecto que se menciona en Juan 17:6-7 que puede ser un modelo para que usted discipule a otras personas. Lea estos versículos en el margen. No solo destacan que Dios encomendó los discípulos a Jesús, sino que también señalan tres verdades para reflejar en su discipulado:

- Jesús reveló el Padre a los discípulos.
- Jesús le enseñó a los discípulos que el Padre era la fuente de todo lo que aprendían.
- Jesús enseñó a los discípulos a ser obedientes.

JESÚS REVELÓ EL PADRE

Jesús reveló a sus discípulos todo lo que Dios deseaba que ellos conocieran acerca de Él. Cada vez que Jesús obrada, revelaba al Padre, como cuando resucitó a Lázaro, cuando alimentó a la multitud y cuando enseñaba la Palabra de Dios.

¿Cómo puede usted revelar a Dios a los que discipula?

_____

_____

Usted puede demostrar la confiabilidad de Dios cumpliendo con sus compromisos y confidencias. Puede enseñar la Palabra de Dios a otros. Puede estar seguro que ellos saben que su enseñanza proviene de Dios. Puede manifestarles su preocupación por los desafíos que ellos enfrentan en su crecimiento espiritual. Puede demostrarles paciencia y perdón cuando lo decepcionan.

EL PADRE ES LA FUENTE

Jesús le enseñó a los discípulos que el Padre era la fuente de todo lo que aprendían. En efecto, Jesús les dijo: Yo les instruyo con lo que el Padre me ha dado para revelarles. No sólo les transmitía el conocimiento sino que también les manifestaba la fuente del mismo. Usted puede orar así: Señor, sólo quiero decir lo que tú digas… ni más, ni menos.

Jesús no se atribuía el mérito de lo que decía. Las Escrituras indican que Él le dijo al Padre *las palabras que me diste, les he dado* (Juan 17:8). Al hacer discípulos, atribuya a Dios el mérito de todo lo que usted enseña y modela. Enséñeles que todo proviene de Dios, no de usted ni de otros.

He manifestado tu nombre a los nombres que del mundo me diste; tuyos eran, y me los diste, y han guardado tu palabra. Ahora han conocido que todas las cosas que me has dado, proceden de ti (Juan 17:6-7).

Al hacer discípulos, atribuya a Dios el mérito de todo lo que usted enseña y transmite.

GUÍA DIARIA DE COMUNIÓN CON EL MAESTRO

LUCAS 19:28-35

Qué me dijo Dios:

_____

_____

_____

_____

_____

_____

_____

_____

Qué le dije yo a Dios:

_____

_____

_____

_____

_____

_____

_____

_____

JESÚS ENSEÑÓ A OBEDECER

Jesús enseñó a los discípulos a obedecer su palabra. En las ocasiones que no fueron obedientes, Él siguió enseñándoles su palabra en toda clase de situación hasta que aprendieron a obedecer. A veces los discípulos eran superficiales e impulsivos, pero hicieron lo que Jesús les mandó. Incluso cuando Él les pidió que hicieran algo que no tenía sentido, le obedecieron, Jesús usó un programa educativo basado en la obediencia.

¿Discipula usted a otros para que sean obedientes? Si están en una misión con Dios, deben aprender a conducirse en una relación de obediencia a Él, no importa cuáles sean las consecuencias.

Según Juan 17:6, ¿cómo la obediencia lo ayuda a identificar a los que el Padre le ha encomendado para discipular?

_____

Los que pertenecen al Padre son obedientes. La obediencia es la señal que identifica al discípulo. Si alguien desobedece constantemente, es dudoso que ese individuo sea un auténtico seguidor de Cristo.

Cuando escogió a sus discípulos, Jesús no buscaba líderes. En efecto la palabra líder no aparece en la versión Reina Valera de la Biblia. Jesús buscaba siervos que fueran obedientes para Él ser el líder. ¿Por qué escogió a los 12 discípulos? No eran líderes, pero podían ser siervos que permitirían que Jesús los guiara. Cuando usted ayuda a otros a establecer una relación de siervos obedientes a Dios, Él los prepara para ser líderes al servicio de Dios.

 En su Lista para el pacto de oración (p. 131) escriba los nombres de vecinos suyos. Ore por tales personas con su cónyuge o compañero de oración.

TESTIFIQUEMOS PARA EL MAESTRO

 Al pensar en personas espiritualmente muertas, tal vez desee aprender cómo presentar el evangelio a algún inconverso. El método visual de "El evangelio en la mano" (pp. 128-131) constituye un medio sencillo para explicar las buenas nuevas de Cristo. Lea la presentación. Hoy no necesitará dibujar la mano. Aprenderá a hacerlo la semana próxima.

 Repase Mateo 5:22-24, los versículos que memorizó la semana pasada.

Hoy en su devocional lea Lucas 19:28-35, que describe una ocasión en que los discípulos obedecieron a pesar de que tal vez no entendían lo que Jesús les mandaba hacer. Luego complete la guía diaria de comunión con el Maestro.

DÍA 3

~

Salvación: Clave de la relación

Jesús desea consolidarnos en una relación eterna con el Padre. La salvación debe ocurrir antes de discipular una persona para que tenga una relación de obediencia a Cristo durante toda la vida. Juan 17 registra los pensamientos más íntimos de Jesús acerca de dicha relación.

Lea Juan 17:2-4 en el margen. ¿Por qué Dios le otorgó autoridad a Jesús sobre toda persona?
❏ **Para exigir que todos sigan las leyes de Dios.**
❏ **Para establecer un reino terrenal.**
❏ **Para darles vida eterna.**

En Juan 17:2-4 subraye las palabras que muestran lo que Jesús define como vida eterna.

Dios no le dio autoridad a Jesús para que abusara de sus poderes ni para imponerle a los discípulos que en forma legalista siguieran una serie de normas. Dios no mandó a Jesús a la tierra para que estableciera un reino terrenal. Él le dio autoridad a Jesús para darle vida eterna a sus seguidores. Jesús definió la vida eterna como conocer al único Dios verdadero y a Jesucristo.

UNA RELACIÓN CON DIOS

La vida eterna implica una relación, íntima y personal, con el Padre y el Hijo. La relación de la cual Jesús habló con Juan 17:2-4 fue el motivo de la creación. Cuando pecamos, nos rebelamos en contra de la relación con Dios en un acto que procura adueñarnos del control, en lugar de dejárselo a Dios. Dejamos de cumplir con la norma de Dios porque seguimos nuestro camino, como lo indica el versículo de Isaías 53:6 en el margen.

La vida eterna es conocer a Dios y quedarnos con Él en una relación que perdure para siempre. El propósito suyo es atraer personas hacia una relación con Cristo, igual que Jesús guió a los discípulos a una relación con el Padre. Henry Blackaby, autor de *Mi experiencia con Dios*, describe nuestra relación con Dios como una alianza. Nos ha aliado con Él para que lo manifestemos a un mundo que nos observa a fin de atraer a las personas hacia una relación con Dios.

¿Cómo logramos eso? Primero hay que aprender más acerca de la condición de quienes están espiritualmente muertos, es decir, quienes no tienen una relación personal e íntima con Dios. Luego aprenderemos pautas específicas para testificarles.

UNA MISIÓN CON EL MAESTRO

El día 1, usted comenzó a aprender las características de la persona

Como le has dado potestad sobre toda carne, para que dé vida eterna a todos los que le diste. Y esta es la vida eterna: que te conozca a ti, el único Dios verdadero, y a Jesucristo, a quien has enviado. Yo te he glorificado en la tierra; he acabado la obra que me diste que hiciese (Juan 17:2-4).

Todos nosotros nos descarriamos como ovejas, cada cual se apartó por su camino; mas Jehová cargó en él el pecado de todos nosotros (Isaías 53:6).

En aquel tiempo estabais sin Cristo, alejados de la ciudadanía de Israel y ajenos a los pactos de la promesa, sin esperanza y sin Dios en el mundo (Efesios 2:12).

Teniendo el entendimiento entenebrecido, ajenos de la vida de Dios por la ignorancia que ellos hay, por la dureza de su corazón (Efesios 4:18).

Los cuales, después que perdieron toda sensibilidad, se entregaron a la lascivia para cometer con avidez toda clase de impureza (Efesios 4:19).

espiritualmente muertas, como se ilustra en el Maestro Constructor. Hoy aprenderá más acerca de esas personas para saber cómo relacionarse con las mismas. Al finalizar el estudio usted dibujará dicho diagrama y explicará la presentación con sus palabras.

 Lea los versículos del margen y subraye las palabras o frases que describen a una persona espiritualmente muerta.

Los versículos que usted leyó afirman que una persona espiritualmente muerta está separada de Cristo y se encuentra sin Dios. Dicha persona está apartada de Dios, es ignorante y dada a la sensualidad y continuamente apetece todo lo mundano.

Deténgase y pídale a Dios que lo ayude a reconocer mejor la oscuridad que rodea a quienes no tienen una relación de amor íntima y personal con Dios. Pídale que lo capacite para traer a otros al conocimiento salvador de Cristo.

 El versículos para memorizar esta semana, Romanos 6:23, le recuerda el precio del pecado por aquellos que no están relacionados eternamente con Dios. Vea cuánto de ese versículo usted puede escribir de memoria en el margen.

PREPÁRESE PARA MINISTRAR

 Lea "Un método para testificar", para aprender a acercarse a las personas cuando desee testificar de su fe.

UN MÉTODO PARA TESTIFICAR
Esta sección le ofrece sugerencias prácticas para comenzar a testificar.

Cultivemos amistades para Cristo
Use el acróstico CULTIVEMOS para explorar maneras de cultivar relaciones para testificar de Cristo.
Crear oportunidades para ganar nuevos amigos.
Usar las crisis como oportunidades para testificar.
Llevar a su casa o iglesia a los amigos o familiares que no conocen a Cristo para una comida, un estudio bíblico o a algún programa social.
Testificar y prepararse pensando siempre en testificar.
Interesar a otros preguntándolos quién, dónde, por qué, cuándo. Visitar a vecinos y recién llegados inconversos, y miembros en perspectiva.
Escuchar de qué quieren hablar los demás.
Mantenerse interesado en las preocupaciones de los amigos que no conocen a Cristo.
Orar por los amigos inconversos.
Ser natural al presentar temas espirituales.

Cómo llegar a un hogar para testificar

Además de testificar a sus relaciones, usted debe testificarle a las personas que no están relacionadas con creyentes. Una manera de hacerlo es visitar sus hogares. Si nunca lo ha hecho, pídale a alguien con experiencia que lo acompañe. Siga estas instrucciones:

1. Memorice el nombre del miembro en perspectiva y demás información de la tarjeta de visitación. No lleve la tarjeta a la puerta de la casa.
2. Estacione en la calle. No obstruya la entrada a la casa.
3. Observe detalles respecto a los intereses y tamaño de la familia. Ejemplo: juguetes en el patio, un césped bien cuidado, un bote, etc.
4. Llame a la puerta y retroceda uno o dos pasos. No se muestre demasiado ansioso por entrar a la casa, como si fuera a vender algo.
5. Sonría, identifíquese e inmediatamente diga el propósito de la visita. Por razones de seguridad, las personas necesitan saber de inmediato quién es usted y para qué ha llegado. Agregue cualquier información que usted tenga.

Cómo iniciar una conversación para testificar

Las instrucciones siguientes se aplican a cualquiera, ya sea un conocido por casualidad, alguien que visitó en si casa o un conocido de algún tiempo.

1. Sea amistoso y amable.
2. Elogie honesta y sinceramente.
3. Acepte cualquier excusa y cambie de tema.
4. Haga preguntas que con delicadeza lleven la conversación a los asuntos espirituales. Gánese el derecho de ser escuchado, oyendo y mostrando interés en todas las respuestas de la persona. Use los 5 puntos de la introducción para encaminar la conversación a los asuntos espirituales:

Use estos cuatro puntos para mantener la conversación encaminada hacia asuntos espirituales:
- **Familia**
- **Intereses**
- **Religión**
- **Preguntas de diagnostico**

FAMILIA. Pregunte por el cónyuge, los hijos, su ciudad, provincia o país de origen, etc. Haga comparaciones con su propia experiencia.

INTERESES. Pregunte qué hace en su tiempo libre. Manifieste interés en los pasatiempo, deportes, actividades comunitarias, etc. que se mencionen. Haga comparaciones con su propia experiencia.

RELIGIÓN. Pregunte: cuando va a la iglesia, ¿a cuál asiste? Haga otras preguntas sobre los antecedentes religiosos de la persona. Relacione dichos antecedentes con su experiencia o con la experiencia de amigos o familiares. Si es adecuado, en este momento puede darle su testimonio personal.

PREGUNTAS DE DIAGNÓSTICO.

a. Haga la primera pregunta de diagnóstico: ¿Está usted absolutamente seguro de tener vida eterna y que irá al cielo cuando muera?

- Si la respuesta es "sí", pregunte: ¿Podría contarme cuándo aceptó a Cristo? Si la persona le ofrece una respuesta adecuada, continúe con preguntas acerca de su nivel de consagración, como el bautismo, asistencia a la iglesia y el discipulado.
- Si la respuesta es negativa (habitualmente lo es), presente el evangelio.

GUÍA DIARIA DE COMUNIÓN CON EL MAESTRO

ROMANOS 6

Qué me dijo Dios:

_____

_____

_____

_____

_____

_____

_____

_____

Qué le dije yo a Dios:

_____

_____

_____

_____

_____

_____

_____

_____

Preste especial atención para determinar si la persona ha confiado en Cristo como su Salvador único y personal. Si ante usted no le dio su testimonio, puede que éste sea el momento propicio.

b. Formule la segunda pregunta de diagnóstico: imagínese que en este momento usted estuviera ante Dios y Él le preguntara: "¿Por qué debo dejarte entrar a mi cielo?". ¿Qué le respondería?

• Si la persona responde adecuadamente que Jesús es su Salvador y Señor, pregúntele acerca de su experiencia de salvación y seguridad de la misma.

• Si la respuesta de la persona se refiere a sus buenas obras, usted podrá estar relativamente seguro de que dicha persona no comprende el mensaje de salvación. Siga preguntándole: "¿Hay alguna otra razón?", para dejar que la persona manifieste todos los elementos con los que substituye a Cristo.

c. Haga una transición a la presentación del evangelio: "Tengo buenas noticias para usted. ¿Puedo decírselas?"

• Si la persona se lo permite, preséntele el mensaje de salvación. Obtener el permiso por anticipado evita que más tarde la persona corte la conversación.

• Si la persona no le permite presentarle el mensaje de salvación, responda amablemente: "Me gustaría poder decírselo en otra ocasión. Sólo tomaría unos 10 minutos (si la persona aparenta tener prisa). Tal vez podemos reunirnos en otro momento que a usted le convenga". A veces la persona responde "Si sólo necesita 10 minutos, pues dígamelo ahora". Presente el evangelio en 10 minutos excepto por las preguntas que tal vez formule esa persona.

Conclusión

El método expuesto permite responder a muchas de las objeciones de la persona antes que esta las manifieste. También el método revela la condición espiritual de la persona. No trate de obligar a nadie a escucharlo si no le dan permiso para presentar el evangelio.[1]

Al estudiar hoy acerca de la salvación, tal vez usted se dio cuenta de que nunca había establecido esa relación eterna con el Padre. La Biblia dice "Porque todo aquel que invocare el nombre del Señor, será salvo" (Romanos 10:13). Use la siguiente oración para dar ese paso de fe tan importante.

Señor Jesús, te necesito. Soy un pecador. Quiero que seas mi Señor y Salvador. Acepto tu muerte en la cruz por mis pecados, y encomiendo ahora mi vida a tu cuidado. Gracias por perdonarme y por darme una nueva vida. Te ruego que me ayudes a crecer en el conocimiento de tu amor y tu poder, para que mi vida te glorifique y honre. Amén.

Firma _____ Fecha _____

Espero que no se sienta incómodo si comenzó este estudio pensando que era cristiano, y ahora reconoce que nunca había entregado plenamente su corazón y su vida a Cristo. A menudo, mediante el aprendizaje de *Vida discipular* las personas entienden qué significa entregarle su vida a Cristo y entonces reconocen que no habían dado este primer paso esencial de fe.

Hoy en su devocional lea Romanos 6, en el cual se basa la presentación "El evangelio en la mano" que usted estudió ayer. Luego complete la guía diaria de comunión con el Maestro que aparece en el margen de la página anterior.

DÍA 4

Orar por los discípulos

Otra manera de aprender cómo se relacionaba Jesús con sus discípulos es estudiar la oración que hizo por ellos en Juan 17.

En el pasaje que aparece en el margen, ¿por quiénes oró Jesús?
❑ Los discípulos   ❑ El mundo   ❑ Los fariseos

Yo ruego por ellos; no ruego por el mundo, sino por los que me diste; porque tuyos son, y todo lo mío es tuyo, y lo tuyo mío; y he sido glorificado en ellos. Y ya no estoy en el mundo; mas estos están en el mundo, y yo voy a ti. Padre santo, a los que me has dado, guárdalos en tu nombre, para que sean uno, así como nosotros. Cuando estaba con ellos en el mundo, yo los guardaba en tu nombre; a los que me diste, yo los guardé, y ninguno de ellos se perdió, sino el hijo de perdición, para que la Escritura se cumpliese [...] No ruego que los quites del mundo, sino que los guardes del mal (Juan 17:9-12, 15).

Jesús expresó claramente que no oraba por el mundo, sino específicamente por los discípulos. Él los distinguía del mundo porque ellos tenían un conocimiento de Dios, que el mundo no tenía. Ya estaba dispuesto a enviarlos al mundo para llevar adelante su ministerio.

Esta oración no sólo demuestra lo que Jesús sentía por los discípulos sino también lo que usted debe sentir por otras personas. No subestime el efecto de la oración por quienes usted discípula.

¿Alguna vez le pareció que no era suficiente orar por alguna persona dentro de su círculo de influencia? ❑ Sí ❑ No **¿Se siente mejor al reconocer que Jesús consideraba que orar por sus seguidores era lo más importante, no lo menos importante, que Él podía hacer por ellos?** ❑ Sí ❑ No

ORAR POR PROTECCIÓN
En primer lugar, Jesús le pidió la Padre que protegiera a sus seguidores. No se puede subestimar la importancia de tal protección en el discipulado. Los discípulos necesitaban la protección y loa orientación del Padre para ir al mundo y ser testigos fieles a Él. Jesús sabía que el poder del Padre preservaría a los discípulos en su misión con Él.

En su función de discipulador, ¿cómo puede usted proteger del maligno a quienes discipula? Responda a continuación.

Santifícalos en tu verdad; tu palabra es verdad. Como tú me enviaste al mundo, así yo los he enviado a mundo. Y por ellos yo me santifico a mí mismo, para que también ellos sean santificados en la verdad. Mas no ruego solamente por estos, sino también por los que han de creer en mí por la palabra de ellos, para que todos sean uno; como tú, oh Padre, en mí, y yo en ti, que también ellos sean uno en nosotros; para que el mundo crea que tú me enviaste. La gloria que me diste, yo les he dado, para que sean uno, así como nosotros somos uno. Yo en ellos, y tú en mí, para que sean perfectos en unidad, para que el mundo conozca que tú me enviaste, y que los has amado a ellos como también a mí me has amado (Juan 17:17-23).

Además de orar por quienes usted discipula, también puede enseñarles acerca del maligno y de la realidad de la guerra espiritual, la cual usted estudió en *Vida discipular 3: La victoria del discípulo*. Puede enseñarles a obedecer, como Jesús les enseño a los discípulos. Puede llevarlos con usted a visitas para testificar, visitación de la iglesia y personas hospitalizadas, etc. En Juan 16:33 Jesús les dijo a los discípulos: "Estas cosas os he hablado para que en mí tengáis paz. En el mundo tendréis aflicción; pero confiad, yo he vencido al mundo". Usted puede explicarles cómo lo ha librado el Señor en tiempos de tentación.

ORAR POR LA SANTIFICACIÓN
Jesús también oró para que los discípulos fuesen santificados. Lea Juan 17:17-23 en el margen.

Santificado significa *apartado*. ¿De qué manera pidió Jesús que fueran santificados los discípulos?

_____

Al permanecer en la Palabra de Dios, los discípulos se apartarían del mundo a fin de reconocer que eran diferentes y que no pertenecían al mundo. Jesús dijo que Él se santificó a sí mismo, para que también ellos fueran verdaderamente santificados (véase el v. 18). Si usted vive en la Palabra de Dios y la proclama, usted es diferente de los que lo rodean. Aquellos a quienes usted discipula ven que su forma de vivir no es como la del mundo. Las personas a quienes guíe reaccionarán de acuerdo a lo que usted haga. Asegúrese de que sean diferentes al mundo y que reconozcan las implicaciones de ser diferente.

Describa alguna ocasión en que usted haya imitado a alguien que no vivía conforme al criterio del mundo.

_____

_____

ORAR POR LA UNIDAD
Jesús también oró por la unidad de los discípulos. La unidad del Padre, el Hijo y el Espíritu Santo es tan estrecha que no se puede separar completamente la función de cada uno. El Señor quiere que sus seguidores vivan esa misma unidad. Usted debe ayudar a los creyentes a verse como parte de una familia, pasada, presente y futura. Dios desea la unidad absoluta de los creyentes.

¿Cómo puede dar ejemplo de unidad a quienes usted guía?

❑ **Respaldar verbalmente a los líderes de la iglesia y evitar la crítica y los chismes.**

❏ **Asistir regularmente a los cultos y actividades de la iglesia.**
❏ **Resolver en amor las diferencias con otros miembros de la iglesia.**

Si fomenta unidad del cuerpo, entonces usted es una creyente animador, participante y pacificador. Las personas a quienes usted discipula observarán cómo se relaciona usted con los demás en el cuerpo de Cristo.

 Siga aprendiendo Romanos 6:23, el versículo para memorizar esta semana. Describa cómo planea aplicar dicho pasaje en sus esfuerzos para llevar a otros a la salvación.

_____

_____

TESTIFICAR PARA EL MAESTRO

Llevar a alguien a Cristo es difícil si primero no se desarrolla una relación con esa persona. La semana pasada aprendió a usar el formulario titulado "Cociente de relaciones" (p. 132) para experimentar nuevas percepciones sobre su relación con los demás. Comenzó a usar el formulario con su cónyuge, un familiar o un amigo íntimo. Siga utilizando dicho formulario con sus familiares hasta que al final de este estudio ya haya hablado con cada uno.

CÓMO PREPARARSE PARA MINISTRAR

Mientras se prepara para testificar, usted puede aprender a detectar el grado de receptividad de la persona. Luego puede adaptar su testimonio de acuerdo con la necesidad específica de dicha persona. Las siguientes categorías le ofrecerán un medio bíblico para evaluar las actitudes que crean impedimentos para el evangelio. Lea Mateo 13:3-9, 18-23 en el margen

Esa parábola le indica qué reacciones recibirá al acercarse con el evangelio a personas inconversas. Cuando se siembra la semilla del evangelio, los inconversos reaccionarán de maneras diferentes. Los grados de receptividad pueden describirse así:

- *Buena tierra:* Muy receptivo.
- *Tierra pedregosa.* Sólo recibe el evangelio superficialmente y acepta una parte solamente. Depende de las buenas obras para tratar de lograr su salvación.
- *Tierra con espinos.* No comprende o no acepta el señorío de Jesucristo. Estima su necesidad espiritual de acuerdo a la salud, la riqueza, el éxito y la aceptación de sus semejantes.
- *Tierra dura:* Piensa que nadie puede saber con certeza que Dios existe. No siente necesidad de Dios o de religión.

Y les habló muchas cosas por parábolas, diciendo: He aquí, el sembrador salió a sembrar. Y mientras sembraba, parte de la semilla cayó junto al camino; vinieron las aves y la comieron. Parte cayó en pedregales, donde no había mucha tierra; y brotó pronto, porque no tenía profundidad de tierra; y brotó pronto, porque no tenía profundidad de tierra; pero salido el sol, se quemó; y porque no tenía raíz, se secó. Y parte cayó entre espinos; y los espinos crecieron, y la ahogaron. Pero parte cayó en buena tierra, y dio fruto, cuál a treinta por uno. El que tiene oídos para oír, oiga.

Oíd, pues, vosotros la parábola del sembrador: Cuando alguno oye la palabra del reino y no la entiende, viene el malo, y arrebata lo que fue sembrado en su corazón. Este es el que fue sembrado junto al camino. Y el que fue sembrado en pedregales, éste es el que oye la palabra, y al momento la recibe con gozo; pero no tiene raíz en sí, sino que es de corta duración, pues al venir la aflicción o la persecución por causa de la palabra, luego tropieza. El que fue sembrado entre espinos, éste es el que oye la palabra, pero el afán de este siglo y el engaño de las riquezas ahogan la palabra, y se hace infructuosa. Mas el que fue sembrado en buena tierra, éste es el que oye y entiende la palabra, y da fruto; y produce a ciento, a sesenta, y a treinta por uno. (Mateo 13:3-9, 18-23).

GUÍA DIARIA DE COMUNIÓN CON EL MAESTRO

JUAN 16

Qué me dijo Dios:

_____

_____

_____

_____

_____

_____

_____

_____

Qué le dije yo a Dios:

_____

_____

_____

_____

_____

_____

_____

Examinar el terreno significa que usted determina cuán lista está la persona para recibir el evangelio. Al examinar el terreno, usted aprende a percibir las cuatro actitudes que determinan la receptividad de la persona al mensaje de salvación:

- *Actitud hacia la necesidad espiritual.* Se refiere a si la persona reconoce su necesidad de Dios y está dispuesta a recibir consejo espiritual.
- *Actitud hacia la iglesia y la religión.* Refleja el grado de la disposición de la persona para asistir a una iglesia y la credibilidad que atribuye a los líderes de una iglesia.
- *Actitud hacia el testigo.* Esta actitud se basa en la confianza puesta en el mensajero y determina en quién se fiará la persona inconversa.
- *Actitud hacia la examinación del terreno.* Describe la reacción de la persona al método usado para testificar y determina cuán lejos haya podido progresar.

Ayer usted estudió los cuatro puntos (familia, intereses, religión y preguntas exploratorias) para presentar la conversación encaminada a evangelizar. Dicho método también puede usarse para probar el terreno.

Trace líneas para unir cada tópico con la actitud que probablemente manifieste. Puede que algunos de los tópicos coincidan con más de una actitud.

FAMILIA	**Actitud hacia la necesidad espiritual**
INTERESES	**Actitud hacia la iglesia y la religión**
RELIGIÓN	**Actitud hacia el testigo**
PREGUNTA	
EXPLORATORIAS	**Actitud hacia el examen del terreno**

Es probable que haya unido las columnas de esta manera: *Familia*: Actitud hacia el testigo. *Intereses*: Actitud hacia el testigo. *Religión*: Actitud hacia la iglesia y la religión, y actitud hacia la prueba del terreno. *Preguntas exploratorias*: Actitud hacia la necesidad espiritual, y actitud hacia la prueba del terreno.

Use los cuatro tópicos para determinar la receptividad de la persona. Luego sabrá si puede seguir adelante con su testimonio o si debe dedicarle tiempo al cultivo de la relación.

El curso *Witnessing Through Relationships* enseña métodos para cultivar las relaciones entre las personas de su círculo de influencia. Ore pidiendo que el Espíritu Santo permita que esas personas sean receptivas al evangelio. Cuando ellas tengan necesidades, crisis, o hagan preguntas vuelva a examinar el terreno para determinar cuándo testificarles.[2]

Hoy lea Juan 16 en su devocional. Luego complete la guía diaria de comunión con el Maestro que aparece en el margen.

DÍA 5

La orden es testificar

Al principio de esta semana usted aprendió que, en Juan 17, Jesús le dijo al Padre que ya había terminado su obra al instruir a sus discípulos. Jesús procuró formar discípulos fructíferos para realizar su obra cuando Él ya no estuviera físicamente presente en la tierra.

Lea Juan 17:20: *No ruego solamente por estos, sino también por los que han de creer en mí por la palabra de ellos* [...] **¿Cuál era el propósito de Jesús para los discípulos?**

_____

Jesús no solamente oró por los seguidores más cercanos a Él, a quienes había discipulado, sino también por quienes experimentarían en Él un conocimiento salvador por medio del testimonio de los discípulos. Ese fue el segundo propósito de Jesús para los discípulos: testificar para que otros crean.

Lea Juan 17:24: *Padre, aquellos que me has dado, quiero que donde yo estoy, también ellos estén conmigo, para que vean mi gloria que me has dado; porque me has amado desde antes de la fundación del mundo.* **¿Qué quería Jesús que hicieran los discípulos?**

_____

Jesús quería que sus discípulos vieran su gloria, no sólo los doce, sino todos los que creyeran en Él. La inquietud de Jesús no se limitaba a ese momento. Él quería que todas las generaciones futuras de creyentes, que surgirían del testimonio de sus discípulos, vieran su gloria. Apocalipsis 7:9-10, en el margen, describe la conclusión de dicha obra.

Lea Apocalipsis 7:9-10, en el margen. Subraye las palabras que identifican los que glorificarán a Cristo en el cielo.

Parte del trabajo que Jesús le ha encomendado hacer, es lo que Él hacía en la tierra: llevar a las personas al conocimiento salvador por medio del Padre y el Hijo, Jesucristo, quien nos da vida eterna.

LOS CAMPOS ESTÁN BLANCOS PARA LA COSECHA

En Juan 4, inmediatamente después de la experiencia de Jesús con la mujer que fue al pozo de agua, los discípulos regresaron de la aldea con alimentos y lo instaron a comer. Lea Juan 4:31-38, que aparece en el margen.

Después de esto miré, y he aquí una gran multitud, la cual nadie podría contar, de todas naciones y tribus y pueblos y lenguas, que estaban delate del trono y en la presencia del Cordero, vestidos de ropas blancas, y con palmas en las manos; y clamaban a gran voz diciendo: La salvación pertenece a nuestro Dios que está sentado en el trono, y al Cordero (Apocalipsis 7:9-10).

Entre tanto, los discípulos le rogaban, diciendo: Rabí, come. Él les dijo: Yo tengo una comida que comer, que vosotros no sabéis. Entonces los discípulos decían unos a otros: ¿Le habrá dado alguien de comer? Jesús les dijo: Mi comida es que haga la voluntad del que me envió, y que acabe su obra. ¿No decís vosotros: Aún faltan cuatro meses para que llegue la siega? He aquí os digo: Alzad vuestros ojos y mirad los campos, porque ya están blancos para la siega. Y el que siega recibe salario, y recoge fruto para vida eterna, para que el que siembra goce juntamente con el que siega. Porque en esto es verdadero el dicho: Uno es el que siembra, y otro es el que siega. Yo os he enviado a segar lo que vosotros no labrasteis; otros labraron, y vosotros habéis entrado en sus labores (Juan 4:31-38).

Este pasaje nos relata que Jesús vino a cumplir la voluntad del Padre y a consumar su obra. Jesús se refirió a eso como su alimento, o aquello de lo cual Él tenía hambre. Continuó luego afirmando que los campos ya estaban listos para la cosecha. Él quería que los discípulos fueran partícipes de la obra que Dios les había encomendado. Jesús les advirtió que habían almas aguardando por su cosecha inmediata.

Lea los cuatro versículos que aparecen en el margen. Escriba con sus palabras, cuál es la voluntad del Padre.

_____

El Señor no retarda su promesa, según algunos la tienen por tardanza, sino que es paciente para con nosotros, no queriendo que ninguno, no queriendo que ninguno perezca, sino que todos procedan al arrepentimiento (2 Pedro 3:9).

Porque de tal manera amó Dios al mundo, que ha dado a su Hijo unigénito, para que todo aquel que en él cree, no se pierda, mas tenga vida eterna (Juan 3:16).

Porque esto es bueno y agradable delante de Dios nuestro Salvador, el cual quiere que todos los hombres sean salvos y vengan al conocimiento de la verdad (1 Timoteo 2:3-4).

Pero Dios, habiendo pasado por alto los tiempos de esta ignorancia, ahora manda a todos los hombres en todo lugar, que se arrepientan (Hechos 17:30).

El Padre no desea que ninguno perezca, sino que todos experimenten el arrepentimiento y un conocimiento salvador de Él. Esa es la voluntad del Padre que Jesús vino a cumplir: poner en marcha el proceso para que otros pudieran testificar del poder salvador del Padre, incluso cuando Cristo ya no estuviera físicamente presente en la tierra.

Usando la cosecha del trigo como una analogía, Jesús dijo a sus discípulos que había mucho más trabajo que realizar. La obra de Jesús no solamente consistía en desarrollar a dichos individuos para que fueran sus discípulos, sino también para ayudarlos a comprender que ellos necesitaban recoger la cosecha. Los discípulos no reconocieron que los samaritanos, la mujer del pozo de agua, o la aldea donde habían comprado alimentos estaban perdidos. Se concentraron en obtener alimentos. Jesús los ayudó a concentrarse en las almas perdidas que aguardaban su cosecha.

HAY QUE COSECHAR

Con frecuencia vemos a nuestros vecinos, especialmente cuando son de otros países, como un campo misionero. Los creyentes en Cristo debemos considerarlos como personas a quienes llevar las buenas nuevas de salvación. De igual manera, hay personas en muchos otros países que jamás oyeron hablar de Jesucristo. A ellos también necesitamos llevarles el evangelio.

Jesús quiere que usted colabore con otros en esa cosecha. Mientras algunos siembran, otros cosechan. Cuando las personas no responden al llamado, confíe en que otros se ocuparán de cosechar cuando la mies haya madurado, si es que madura. Cuando usted testifica, no lo está haciendo solo. Dios sigue obrando en la vida de dichas personas hasta que estén preparadas para responderle a Él.

No importa lo que usted haga, en Juan 4:36 dice que el propósito es que tanto el que siembra como el que cosecha se regocijen juntos.

En Juan 17:24, Jesús dijo que deseaba que sus seguidores contemplaran su gloria. Haga lo que Dios le ha mandado: al testificar del evangelio a aquellos por los cuales murió Jesús, usted manifiesta el máximo propósito de Dios para nosotros, que es glorificar a Dios. En la página siguiente repase la declaración de la misión de discipular que leyó en la semana 1.

La misión del discípulo es:
- glorificar a Dios siendo un discípulo obediente al Señor Jesucristo durante toda la vida;
- glorificar a Dios haciendo discípulos en todas las naciones;
- sumarse a la misión de Dios para:
    —glorifica su nombre;
    —exaltar a Cristo el Señor
    —reconciliar al mundo con Él;
    —establecer su reino.

Lea Juan 15:16, que aparece en el margen. ¿Cuál es el propósito de Jesús para usted?

_____

El propósito de Jesús es que usted fructifique y que su fruto permanezca. Él desea que usted lleve a las personas a un conocimiento salvador por medio de Él y que haga permanecer su fruto al discipular a otros, tal como lo hicieron los discípulos.

UNA MISIÓN CON EL MAESTRO

Al principio de esta semana, usted comenzó a aprender las características de la persona espiritualmente muerta, como se ilustra en el Maestro Constructor, para que dicha persona pueda nacer a una nueva vida en Cristo, hay dos cosas que deben ocurrir: Cada persona, usted y el espiritualmente muerto, deben cumplir una tarea.

No me elegisteis vosotros a mí, sino que yo os elegí a vosotros, y os he puesto para que vayáis y llevéis fruto, y vuestro fruto permanezca; para que todo lo que pidiereis al padre en mi nombre, él os lo dé (Juan 15:16).

Haga una lista de las tareas del testigo y de la persona espiritualmente muerta en la etapa del espiritualmente muerto en el Maestro Constructor. Si no puede recordarlas, repase la presentación del Maestro Constructor en las páginas 123-127.

Testigo: _____

La persona espiritualmente muerta: _____

La tarea del Maestro Constructor con la persona espiritualmente muerta es testificarle sobre lo que Cristo ha hecho y hace en su vida. La tarea de la persona espiritualmente muerta es responder al testimonio.

Escriba los nombres de las personas a quienes usted ha testificado y sus reacciones.

Personas a quienes he testificado   Reacción

_____   _____

_____   _____

GUÍA DIARIA DE COMUNIÓN CON EL MAESTRO

JUAN 4:31-38

Qué me dijo Dios:

_____

_____

_____

_____

_____

_____

_____

_____

Qué le dije yo a Dios:

_____

_____

_____

_____

_____

_____

_____

Debemos testificar sin considerar la reacción. Deténgase y ore por los espiritualmente muertos a quienes usted testificó, pero que no aceptaron a Cristo. Pídale a Dios que lo ayude a ser fiel en la tarea de testificar, no importa cómo reaccionen.

 Siga visitando a sus vecinos y pídales motivos de oración. En su Lista para el pacto de oración (p. 131) escriba los nombres de sus vecinos. Pídale al vecino que visitó la semana pasada, que le informe sobre el motivo por el cual le solicitó orar. Asegure al vecino que usted seguirá orando. Cuando obtenga una respuesta a dicho motivo, prepárese para testificarle.

Hoy, en su devocional, lea Juan 4:31-38 donde aparece la enseñanza de Jesús sobre la cosecha. Luego complete la guía diaria de comunión con el Maestro que aparece en el margen.

¿QUÉ EXPERIENCIA TUVO ESTA SEMANA?
Repase la sección "Mi andar con el Maestro en esta semana" al comienzo del material para esta semana. Marque las actividades que haya completado con una línea vertical en el diamante. Termine toda actividad incompleta. Piense en lo que dirá durante la sesión de grupo acerca de su trabajo en tales actividades.

Espero que este estudio acerca de "Las relaciones: Un medio para testificar y discipular", le haya dado una nueva visión del propósito de Jesús para sus seguidores y la importancia del proceso de discípulos durante el ministerio terrenal de Cristo. Observe el ejemplo de Jesús, al dedicarse a discipular a quienes Dios le ha encomendado. Sus tareas comienzan con la salvación y continúan al producir un fruto que permanece. Espero que usted esté experimentando mayor compasión por las personas muertas espiritualmente y un mayor sentido de urgencia por cosechar almas.

1. Adaptado de *Continuing Witness Training*, Alpharetta, Georgia, E.U.A.: La Junta Norteamericana de Misiones de la Convención Bautista del Sur. Usado con permiso.
2. Adaptado de *Witnessing Through Your Relationships*, de Jack R. Smith y Jennifer Kennedy Dean (Nashville: LifeWay Press, 1994), pp. 58-62.

SEMANA 3

Instruir a los niños espirituales

La meta de esta semana

Usted podrá discipular a los nuevos creyentes

Mi andar con el Maestro en esta semana

Completará las siguientes actividades para desarrollar las seis disciplinas bíblicas. Cuando haya completado cada actividad trace una línea vertical en el diamante que aparece al lado.

DEDICARLE TIEMPO AL MAESTRO

◇ Tenga un tiempo devocional cada día. Marque los días en que tenga su devocional:
❑ Domingo ❑ Lunes ❑ Martes ❑ Miércoles ❑ Jueves ❑ Viernes ❑ Sábado

VIVIR EN LA PALABRA

◇ Lea su Biblia diariamente. Escriba qué le dice Dios a usted y qué usted le dice a Él.
◇ Memorice 1 Pedro 2:2-3.
◇ Repase Mateo 5:23-24 y Romanos 6:23.

ORAR CON FE

◇ Ore con su compañero de oración personalmente o por teléfono.
◇ Ore por los motivos de oración de sus vecinos.

TENER COMUNIÓN CON LOS CREYENTES

◇ Trate de reconciliarse con la persona con quien sea más difícil la reconciliación. Utilice la armadura espiritual para orar de antemano.
◇ Anime a un creyente nuevo o hable con un niño espiritual.

TESTIFICAR AL MUNDO

◇ Comience a aprender el método visual de El evangelio en la mano.
◇ Visite a una persona inconversa por quien haya estado orando.

MINISTRAR A OTROS

◇ Aprenda las características de un niño espiritual como se indica en la presentación del Maestro Constructor

Versículo para memorizar esta semana

Desead, como niños nacidos, la leche espiritual no adulterada, para que por ella crezcáis para salvación, si es que habéis gustado la benignidad del Señor (1 Pedro 2:2-3).

DÍA 1

Seguimiento

Cuando vivía en Nashville, traté de hacer gimnasia tres veces a la semana en la Asociación Cristiana de Jóvenes (YMCA). Frecuentemente hablaba con mi entrenador, Joe, acerca del uso de los equipos. Un día vi a Joe leyendo la Biblia y percibí que Dios estaba obrando. Le pregunté sobre lo que leía y me respondió:"Cuando estaba en la universidad, acostumbrábamos a hablar mucho de diferentes temas en el dormitorio. Un día estábamos discutiendo acerca de la Biblia, y uno de mis compañeros me preguntó: '¿La has leído alguna vez?' ' No', le respondí, 'Entonces, cállate hasta que la leas'. Hace tiempo que eso sucedió, pero comencé a pensar que realmente debía leerla. Varios meses atrás comencé a leer Génesis, y ya casi he leído las dos terceras partes".

Comencé a contarle a Joe lo que significaba llegar a ser creyente en Cristo.

Comencé a contarle a Joe lo que significaba llegar a ser creyente en Cristo. No respondió inmediatamente, pero se mostró interesado. Cada vez que se presentaba una oportunidad, hablaba con Joe y le daba libros a leer. Con el tiempo nos hicimos amigos. Un día fui al gimnasio y encontré que Joe estaba solo. Parecía que el Señor me indicaba que esta sería mi oportunidad para que Joe fuera a Cristo. Comencé a conversar con él. Luego, nos paramos en una cancha vacía y Joe recibió a Cristo.

La próxima semana cuando fui al gimnasio, Joe ya se había bautizado. Todos los día Joe me contaba acerca de su nueva vida de creyente. Me dijo: "El otro día fui a un restaurante y un hombre se metió delante de mí. Se lo permití y casi no podía creerlo porque soy boxeador, y no permito que alguien me empuje. *¿Qué me está pasando? No dejo que me hagan cosas así*, me dije. Luego reconocí que era Jesús actuando en mí".

En otra oportunidad me contó: "Realmente perdí una buena oportunidad para dar testimonio, y lo siento. Estaba sentado en un restaurante y unos muchachos estaban diciendo cosas que no debían. La empleada les llamó la atención. Pero yo me quedé callado, y ahora lo siento. Debí respaldarla". Le respondí: "No te preocupes, el Señor te dará otra oportunidad. Pero prepárate para cuando llegue". La segunda oportunidad se presentó, y Joe ya estaba listo para testificar.

Me sentí privilegiado al poder observar a Joe en su peregrinaje, de haber estado espiritualmente enfermo hasta llegar a ser un alegre creyente nuevo.

Para mi fue un privilegio observar a Joe desde ser incrédulo hasta transformarse en un nuevo creyente gozoso. El seguimiento de este creyente fue sencillo porque teníamos un lugar y un momento en el que nos veíamos regularmente. A medida que él crecía espiritualmente, yo podía responder a sus preguntas.

¿Cómo usted seguiría a un creyente nuevo? Esto es lo que aprenderá en el estudio de esta semana, cómo consolidar a un niño en la fe. Al terminar la semana podrá:

- Explicar la importancia del seguimiento de nuevos creyentes;
- Citar los pasajes bíblicos que describen la condición de los niños espirituales;

- Hacer una lista de los métodos de seguimiento mencionados en el Nuevo Testamento;
- Usar cinco guías prácticas de seguimiento para nuevos creyentes.

CUIDAR AL NUEVO CREYENTE

El seguimiento significa cuidar el nuevo creyente desde su nuevo nacimiento hasta que se afirme como un individuo espiritualmente independiente. Tres razones por las cuales no hay un seguimiento para los nuevos creyentes es:

- Falta de interés.
- No saber cómo hacer el seguimiento.
- Presumir que otro lo hará.

La gran comisión nos sugiere la importancia del seguimiento. Lea Mateo 28:19-20 en el margen. Un examen cuidadoso de este mandato le ayudará a entender mejor cuan significativo es el seguimiento.

La palabra *id* en la Gran Comisión literalmente significa que *mientras vamos, debemos hacer discípulos en todas las naciones. Haced discípulos* proviene de una palabra que significa *impartir la enseñanza, o convertir en discípulos.* Esto sugiere un proceso, más que un hecho instantáneo.

Bautizarse se refiere a un compromiso público en el nombre del Padre, del Hijo y del Espíritu Santo, el Dios único que se reveló en tres aspectos personales. Finalmente, enseñándoles que guarden, puede interpretarse como enseñándoles a obedecer, observar y mantenerse puro. Esto nos dice que el discipulado no se termina hasta que el discípulo esté cumpliendo los mandatos del Señor.

Marque las siguientes oraciones que sean verdaderas.

❑ **Hacer discípulos en todas las naciones es opcional.**

❑ **La persona se convierte en un discípulo maduro inmediatamente después de la conversión.**

❑ **El discipulador puede decir que ha completado su tarea solo cuando el discípulo esté obedeciendo lo que Cristo ha enseñado.**

El seguimiento está escrito entre líneas en la Gran Comisión. Ayudar a los nuevos convertidos a ser obedientes es lo que Cristo tenía en mente cuando dio este mandamiento. El último concepto es el único cierto.

Jesús quiso que los nuevos creyentes, inmediatamente después de su conversión, fueran discipulados. La tarea de la iglesia no ha finalizado hasta que el convertido su haya bautizado, enseñado y preparado para ganar, enseñar y formar a otros. Herschel Hobbs[1] escribió lo siguiente acerca de la Gran Comisión: "Evangelismo es más que ganar a una persona para Cristo. No termina con la conversión, al igual que una vida no termina con el nacimiento. Esto es solo comienzo".

¿Por qué debe hacer el seguimiento de los nuevos convertidos?

- Está implícito en el mandato de Cristo (vea Mateo 28:19-20).
- Cristo es nuestro ejemplo (vea Marcos 3:14).
- Amamos a Cristo (vea Juan 21:15-17).
- Cristo desea creyentes maduros que crezcan en el Reino de Dios.

Por tanto, id y hacer discípulos a todas las naciones, bautizándolos en el nombre del Padre, y del Hijo, y del Espíritu Santo; enseñándoles que guarden todas las cosas que os he mandado; y he aquí yo estoy con vosotros todos los días, hasta el fin del mundo (Mateo 28:19-20).

Un creyente nuevo necesita ayuda, apoyo y madurez que solo otros creyentes pueden darle.

El Señor le dijo: Vé, porque instrumento escogido me es éste, para llevar mi nombre en presencia de los gentiles, y de reyes, y de los hijos de Israel; porque yo le mostraré cuánto le es necesario padecer por mi nombre. Fue entonces Ananías y entró en la casa, y poniendo sobre él las manos, dijo: Hermano Saulo, el Señor Jesús, que se te apareció en el camino por donde venías, me ha enviado para que recibas la vista y seas lleno del Espíritu Santo. Y al momento le cayeron de los ojos como escamas, y recibió al instante la vista; y levantándose, fue bautizado. Y habiendo tomado alimento, recobró fuerzas. Y estuvo Saulo por algunos días con los discípulos que estaban en Damasco (Hechos 9:15-19).

Cuando llegó a Jerusalén, trataba de juntarse con los discípulos; pero todos le tenían miedo, no creyendo que fuese discípulo. Entonces Bernabé, tomándole, lo trajo a los apóstoles, y les contó cómo Saulo había visto en el camino al Señor, el cual le había hablado, y cómo en Damasco había hablado valerosamente en el nombre de Jesús. Y estaba con ellos en Jerusalén; y entraba y salía (Hechos 9:26-28).

• Un creyente nuevo necesita ayuda, apoyo y cuidado que solo otros creyentes pueden darle.

En la lista que menciona los porqués del seguimiento de los creyentes nuevos, ordene las razones en orden de importancia. Use una escala del 1 al 5, dando al uno la razón más importante. Explique por qué las calificó así.

_____

OFREZCA AYUDA INMEDIATA

La asistencia espiritual inmediata es esencial en el nuevo creyente. Dios usó a Ananías para hacer el seguimiento de Pablo después de su conversión en el camino a Damasco.

Lea Hechos 9:15-19 en el margen. ¿Qué hizo Ananías con respecto al seguimiento de Pablo?

_____

Bajo la dirección de Dios, Ananías visitó a Pablo, le dijo que venía en nombre de Jesús y que supo de su conversión en el camino a Damasco. Bajo el ministerio de Ananías, ejecutado en el nombre del Señor, Pablo recuperó la vista, recibió al Espíritu Santo y fue bautizado.

Aunque Ananías fue el primero que ayudó a Pablo, Bernabé, un discipulador muy experimentado, llegó después para discipularlo más profundamente. Lea Hechos 9:26-28, en el margen, sobre los pasos iniciales que dio Bernabé para discipular a Pablo en su nueva fe.

En Hechos 9:26-28, ¿qué hizo Bernabé para ayudar a Pablo, aún conocido como Saulo, a afirmarse en su nueva fe?

_____

Bernabé llegó a la vida de Pablo en un momento crucial, cuando éste se esforzaba por afirmarse en la iglesia primitiva y ganar credibilidad entre sus líderes. Aunque los discípulos dudaban de Pablo, Bernabé respondió personalmente por Pablo después de la conversión de éste, ya que antes había sido perseguidor de la iglesia. Bernabé encomendó a Pablo a los apóstoles, relatándole la conversión de Pablo y presentándolo como quien tenía una fe sincera. Estas palabras de Bernabé eran las que los apóstoles necesitaban escuchar para recibir a Pablo como hermano en Cristo. Pronto los discípulos aceptaron a Pablo hasta el punto de salvarle la vida (vea Hechos 9:29-30).

¿De qué manera estos versículos enseñan cómo usted puede ayudar a un niño espiritual a crecer? Marque los conceptos correctos.

❑ **Preséntele el nuevo creyente a un creyente maduro que pueda servirle de ejemplo;**

❑ **Ayúdelo a encontrar un grupo pequeño donde el creyente nuevo pueda tener comunión con los demás y aprender.**

❑ **Dígales a los demás y también ayude al nuevo creyente a contar cómo y cuándo confió en Cristo como se Salvador.**

❑ **Proteja la persona de los que se oponen a su decisión.**

❑ **Cómprele al creyente nuevo una camiseta que tenga el símbolo cristiano del pez.**

Ayudar al nuevo creyente a afirmarse en el nuevo grupo de amigos y personas que lo apoyarán, y confirmar la sinceridad de dicha persona, son elementos muy importantes para consolidarla en la fe. Todos los conceptos, con excepción del último, son adecuados.

PRESÉNTELE CREYENTES QUE LE SIRVAN DE EJEMPLO

En el pasaje de Hechos 11:25-26, en el margen, vemos a Bernabé sirviendo una vez más de discipulador de Pablo, que aún se conocía como Saulo. Bernabé buscó a Pablo y lo trajo con él. Estuvieron juntos durante un año, Pablo aprendió de Bernabé. Usted también puede hacer algún esfuerzo en especial para asegurarse de que los creyentes nuevos tengan otros creyentes más maduros como ejemplo. Manténgase cerca de los creyentes nuevos mientras ellos se familiarizan con la Palabra y comienzan a vivir su vida cristiana.

Después fue Bernabé a Tarso para buscar a Saulo; y hallándole, le trajo a Antioquía. Y se congregaron allí todo un año con la iglesia, y enseñaron a mucha gente; y a los discípulos se les llamó cristianos por primera vez en Antioquía (Hechos 11:25-26).

Los versículos para memorizar esta semana, 1 Pedro 2:2-3, dicen que los niños espirituales crecen para salvación. ¿Qué significa eso?

Vuelva a la página 47 y lea los versículos en voz alta de 1 a 3 veces para comenzar a memorizarlos.

De manera que yo, hermanos, no pude hablaros como a espirituales, sino como a carnales, como a niños en Cristo. (1 Corintios 3:1-3).

UNA MISIÓN CON EL MAESTRO

Vuelva leer la presentación del Maestro Constructor en las páginas 123-127, considerando las enseñanzas acerca de un niño espiritual. Al finalizar este estudio usted podrá dibujar este diagrama y explicarlo con sus palabras.

Los niños espirituales no son necesariamente creyente nuevos, también pueden ser creyentes carnales, que nunca se han afirmado como discípulos de Cristo. El desafío de trabajar con creyentes nuevos es ayudarlos a aplicar los principios cristianos a la vida diaria. El desafío para aquellos que han estado en la etapa de la niñez espiritual durante mucho tiempo es volver a avivar la llama del primer amor en el Señor y la esperanza de tener una vida victoriosa en Cristo.

Para que no seamos ya niños fluctuantes, llevados por doquiera de todo viento de doctrina, por estratagema de hombres que para engañar emplean con astucia las artimañas del error (Efesios 4:14).

Lea 1 Corintios 3:1 y Efesios 4:14 en el margen. Luego marque los conceptos que describen a un niño espiritual.

GUÍA DIARIA DE COMUNIÓN CON EL MAESTRO

HECHOS 9:19-31

Qué me dijo Dios:

_____

_____

_____

_____

_____

_____

_____

_____

_____

Qué le dije yo a Dios:

_____

_____

_____

_____

_____

_____

_____

_____

❑ 1. Sigue la orientación del mundo y no está listo para recibir alimento sólido en la instrucción.

❑ 2. Es propenso a los celos y las disputas.

❑ 3. Está bien fortalecido en su fe.

❑ 4. Es propenso a ser tentado.

❑ 5. Cree en falsas enseñanzas con facilidad.

❑ 6. No sabe discernir quiénes le pueden hacer daño.

Cuando comencé a servir como pastor, descubrí que muchas personas que habían sido creyente por años aún eran niños espirituales. Es trágico que un gran porcentaje de aquellos que profesan a Cristo no demuestran el señorío de Jesús con su conducta. Todos los conceptos anteriores, excepto el 3. Describen niños espirituales. Esta semana aprenderá más acerca de los niños espirituales y qué podemos hacer para ayudarlos.

Pídale a Dios que le recuerde qué nuevos creyente puede ayudar.

 Ore con su compañero de oración en persona o por teléfono.

 Hoy lea Hechos 9:19-31 durante su devocional. Luego complete la guía diaria de comunión con el Maestro en el margen.

DÍA 2

Animemos a otros

El mero nombre de Bernabé, que estudiamos el día 1, nos habla de su papel en la expansión del cristianismo. Lea Hechos 4:36-37 en el margen de la página siguiente.

La generosa venta de propiedades y la ganancia que le entregaban a los apóstoles eran sin lugar a dudas, un hecho alentador. Esto le brindaba a los apóstoles los medios para ayudar a aquellos que realmente lo necesitaban y demostraba que alguien creía en el mensaje tanto como para dar generosamente. También alentaban a otros creyentes a vender sus posesiones y dárselas a ellos para suplir las necesidades de todo el cuerpo.

ALIENTE A MEDIDA QUE DISCIPULA

Alentar a los creyentes nuevos es una manera importante de ayudarlos. A Bernabé se le conoció como el gran alentador, según lo describe Hechos 11 en el margen de la próxima página.

En Hechos 11:22-24 subraye lo que Bernabé hizo cuando vio que Dios estaba obrando en la iglesia de Antioquía.

Aparentemente, Bernabé se conmovió con lo que vio en la iglesia de Antioquía. Después de ver lo que sucedía, alentó a los miembros a permanecer fieles al Señor y a estar firmes en la fe. Usted puede alentar a los creyentes nuevos recordándoles la verdad de Dios y haciendo que permanezcan en dicha verdad, sin hacer caso de la opresión.

¿Quién lo alentó a usted cuando recibió al Señor? Escriba su nombre y describa qué hizo.

_____

_____

Luego, Bernabé alentó a Pablo mientras lo acompañaba en su viaje misionero.

Lea Hechos 13:1-3 en el margen. ¿Qué hubiera pasado si Pablo hubiese ido solo en su viaje misionero sin contar con la ayuda ni el aliento de un creyente con experiencia?

_____

En la realidad no lo sabemos, pero sí podemos imaginar que Pablo necesitaba de alguien con experiencia en la fe para guiarlo en un momento tan importante en la historia de la iglesia. Bernabé, un creyente maduro, fue un importante ejemplo para Pablo mientras este aprendía habilidades que luego le servirían cuando estaba solo. Fíjese que en estos pasajes se menciona siempre a Bernabé y Saulo, y el nombre de Bernabé aparece primero. (Más adelante, se invertirá el orden a Pablo y Bernabé.) Hasta este momento Bernabé está ejercitando el liderazgo que Pablo necesitaba para crecer en la fe.

ALIENTO A LOS CREYENTES NUEVOS

A medida que Pablo y Bernabé hicieron su viaje misionero a Antioquía de Pisidia (diferente de Antioquía de Siria), alentaron a otros. Lea Hechos 13:43 en el margen.

En Hechos 13:43 subraye las frases que demuestran el papel que un discipulador debe tener con los creyentes nuevos.

Tal vez haya subrayado: "hablándoles" o "les persuadían a que perseverasen en la gracia". Algunas veces, tan solo recordatorio por parte de un creyente con experiencia acerca de la gracia y provisión de Dios es el aliciente que el creyente y hablando de su peregrinaje cristiano puede alentar a la persona.

Entonces José, a quien los apóstoles pusieron por sobrenombre Bernabé (que traducido es, Hijo de consolación), levita, natural de Chipre, como tenía una heredad, la vendió y trajo el precio y lo puso a los pies de los apóstoles (Hechos 4:36-37).

Llegó la noticia de estas cosas a oídos de la iglesia que estaban en Jerusalén; y enviaron a Bernabé que fuese hasta Antioquía. Este, cuando llegó, y vio la gracia de Dios, se regocijó, y exhortó a todos a que con propósito de corazón permaneciesen fieles al Señor. Porque era varón bueno, y lleno del Espíritu Santo y de fe. Y una gran multitud fue agregada al Señor (Hechos 11:22-24).

Había entonces en la iglesia que estaba en Antioquía, profetas y maestros: Bernabé, Simón el que se llamaba Niger, Lucio de Cirene, Manaén el que se había criado junto con Herodes el tetrarca, y Saulo. Ministrando éstos al Señor, y ayunando, dijo el Espíritu Santo: Apartadme a Bernabé y a Saulo para obra a que los he llamado. Entonces, habiendo ayunado y orando, les impusieron las manos y los despidieron (Hechos 13:1-3).

Y despedida la congregación, muchos de los judíos de los prosélitos piadosos siguieron a Pablo y a Bernabé, quienes hablándoles, les persuadían a que perseverasen en la gracia de Dios (Hechos 13:43).

Tal vez las personas a quienes usted discipula son creyentes nuevos. ¿De qué manera puede alentarlos?

_____

 Repase los versículos para memorizar de las semanas anteriores. Luego estudie el versículo para memorizar esta semana en 1 Pedro 2:2-3. Escriba el mensaje que estos versículos tienen para usted con respecto a alentar a un nuevo creyente.

_____

_____

Lea y describa, en cada caso de estudio, cómo un creyente maduro puede alentar a un creyente nuevo.

Caridad cambió su vida por completo después de confiar en Cristo como su Salvador. Ella había vivido con su novio durante varios años antes de convertirse a Cristo. A medida que estudiaba la Palabra, se dio cuenta que debía dejar la forma de vida del mundo y reemplazarla por los caminos del Espíritu. Rompió la relación con su novio y le pidió que se fuera de la casa. Comenzó a escuchar música cristiana y trató de rodearse de amigos sanos. Sin embargo, este cambio de vida fue difícil para Caridad. Muchas veces se sintió sola y desamparada mientras trataba de cambiar su vieja vida por la nueva. Elena, una hermana de la iglesia fue la que ayudó a discipular a Caridad y se preocupó por ella durante esa transición. ¿Qué podía hacer Elena para cuidar a Caridad durante esa etapa tan vulnerable de su vida cristiana?

_____

_____

Antes de convertirse a Cristo, Jorge había sido adicto a la pornografía. Después de creer en Cristo, Jorge reconoció que la literatura explícita sobre el sexo no debía tener lugar en su vida. En su hogar podía resistir la tentación, pero no así cuando estaba de viaje. Walter, un compañero de la clase de la Escuela Dominical, conocía las luchas de Jorge y quiso ayudarlo a sobreponerse. ¿Qué podía hacer Walter para afirmar a Jorge en su andar con Cristo?

_____

_____

Felipe sabía que tener su devocional diario era una parte importante de su vida de creyente. Pero él nunca había orado antes de convertirse a Cristo ni tampoco había tenido una Biblia. No estaba seguro de cómo acercarse al Padre en oración ni cómo comenzar un plan sistemático para leer diariamente la Biblia. También tenía problemas para entender el lenguaje y los conceptos de la Biblia. Estaban, su maestro de la clase porque él era nuevo en los caminos del Señor, mientras que los demás tenían más años de creyentes. ¿Cómo Estaban podía ayudar a Felipe?

_____

_____

Elena pudo haber ayudado a Caridad comunicándose frecuentemente con ella y enviándole tarjetas para alentarla. Podía ayudar a Caridad buscándole una compañera de cuarto que fuera cristiana y presentándole otros amigos creyentes. Walter podía ofrecerse para que Jorge le rindiera cuentas sobre su conducta durante los viajes. Podía orar con Jorge antes de cada viaje y alentarlo a que lo llamase cada vez que se viese tentado. Podía enseñar a Jorge a memorizar versículos de las Escrituras tales como: 1 Pedro 2:1, 1 Corintios 10:13 y Filipenses 4:13. Esteban podía haberle enseñado a Felipe los fundamentos de la oración (acción de gracias, alabanza, confesión y petición). Podía haberle dado alguna guía para devocionales. Podía haberse ofrecido para responder a sus preguntas y ser más sensible a sus necesidades durante la Escuela Dominical.

 ¿Ha estado orando por sus vecinos? Algunos de ellos le dijeron sus necesidades y preocupaciones que usted anotó en la lista para el pacto de oración (p. 131). Ore por las peticiones de sus vecinos.

 Hoy lea Hechos 13 durante su devocional. Luego complete la guía diaria de comunión con el Maestro que aparece en el margen.

GUÍA DIARIA DE COMUNIÓN CON EL MAESTRO

HECHOS 13

Qué me dijo Dios:

_____

_____

_____

_____

_____

_____

_____

_____

Qué le dije yo a Dios:

_____

_____

_____

_____

_____

_____

_____

Y les dijo: venid en pos de mí, y os haré pescadores de hombres. Ellos entonces, dejando al instante las redes, le siguieron (Mateo 4:19-20).

Y yo también te digo, que tú eres Pedro, y sobre esta roca edificaré mi iglesia; y las puertas del Hades no prevalecerán contra ella (Mateo 16:18).

Entonces Pedro, tomándolo aparte, comenzó a reconvenirle, diciendo; Señor, ten compasión de ti; en ninguna manera esto te acontezca. Pero él, volviéndose, dijo a Pedro: ¡Quítate de delante de mí Satanás!; me eres tropiezo, porque no pones la mira en las cosas de Dios sino en las de los hombres (Mateo 16:22-23).

Dijo también el Señor: Simón, Simón, he aquí Satanás os ha pedido para zarandearos como a trigo; pero yo he rogado por ti, para que tu fe no falte; y tú, una vez vuelto, confirma a tus hermanos (Lucas 22:31-32).

Cuando hubieron comido, Jesús dijo a Simón Pedro: Simón, hijo de Jonás, ¿me amas más que éstos? Le respondió: Sí, Señor; tú sabes que te amo. El le dijo: Apacienta mis corderos (Juan 21:15-16).

DÍA 3

Instruir a los nuevos creyentes

Jesús y Pablo son nuestros mejores modelos para instruir a los niños espirituales. Hoy estudiará cómo alentar el crecimiento entre los creyentes nuevos.

ALIENTE EL CRECIMIENTO

Jesús se valió de la calidad de la fe para alentar a los nuevos creyentes. Las expectativas de Jesús con respectos a ellos influyó en lo que llegarían a ser.

El primer encuentro de Jesús con Pedro sucedió después que Juan el Bautista señalara a Andrés, hermanos de Pedro, que siguiera a Cristo. Luego Andrés trajo a Pedro (vea Juan 1:40-42). Más tarde Jesús sanó a la suegra de Pedro (Marcos 1:29-31) y finalmente usó la barca de Pedro (vea Lucas 5:3). En cada una de estas situaciones, Jesús desarrolló una relación con Pedro y le permitió que lo observase en diferentes circunstancias. Esto sentó la base para la disciplina que habría de venir.

Jesús llamó a Pedro cuando lo vio pescando con su hermano, Andrés. Inmediatamente el Señor declaró lo que esperaba de Pedro. Lea Mateo 4:19-20 en el margen.

Lea Mateo 16:18 en el margen. ¿Qué impacto cree que tuvo en Simón cuando Jesús dijo que su nuevo nombre seria Pedro, la roca?

_____

_____

Aunque tal vez Simón no entendió bien lo que Jesús quiso decir cuando le habló según Mateo 16:18, la confianza que Jesús le expresó hizo que Pedro reconociera que el Señor veía en él un potencial que necesitaba desarrollarse.

Jesús se valió de otros recursos para discipular a Pedro. En Mateo 16:22-23, en el margen, Jesús reprendió a Pedro por pensar como los hombres del mundo, y por censurar al Señor cuando habló sobre la cruz.

En Lucas 22:31-32, en el margen, Jesús le dijo a Pedro que él sabía que al final Pedro vencería aunque su fe fuera débil al principio.

Por último, Jesús comisionó a Pedro y le dio una tarea, según Juan 21:15 en el margen, de alimentar a sus corderos y ovejas. Asignar esta tarea a Pedro demuestra que Jesús creía y confiaba a él esta obra tan importante en la tierra.

Basándose en lo que ha leído acerca de la manera en que Jesús discipuló a Pedro, enumere las maneras en que usted puede cuidar de un creyente nuevo.

_____

ASUMA LA RESPONSABILIDAD

De la misma manera que Dios quiere que los niños crezcan en el seno de una familia, Él espera que sus hijos espirituales se críen en un ambiente íntimo, pleno de ayuda y cuidado. Muchas veces dependemos de materiales escrito y programas para discipular a los nuevos creyentes, pero los programas solos no hacen discípulos. Alguien debe sentirse responsable por esos niños espirituales. Solo los discípulos preocupados constituyen los verdaderos padres espirituales.

Pablo no se contentaba con solo lograr convertidos y dejarlos a la deriva. Uno de los mejores ejemplos que tenemos de su seguimiento se encuentra en 1 Tesalonicenses 2-3. Pablo ilustra su preocupación mediante tres relaciones familiares.

Lea los pasajes del margen. Acople cada cita con la relación familiar que se describe en el pasaje.

____ 1. 1 Tesalonicenses 2:1-5   a. madre

____ 2. 1 Tesalonicenses 2:6-7   b. padre

____ 3. 1 Tesalonicenses 2:11-12   c. hermano

Pablo nos indica que, como una madre, los apóstoles ministraban con cuidado y amor sacrificial. Como un padre, los apóstoles alentaban, confortaban y les recordaban cómo vivir. Como un hermano, Pablo los trataba como a iguales, demostrándoles cuán cerca un hermano debe estar de los demás creyentes. Pablo usó estos términos para establecer una relación de los creyentes nuevos con la familia de Dios. Las respuestas correctas son: 1-c, 2-a, 3-b.

Usted ha visto cómo Pablo compara el seguimiento con el cuidado de un padre por su hijo (vea Gálatas 4:19; 1 Tesalonicenses 2:7-12). Un padre espiritual debe:

1. Proteger (vea 1 Pedro 5:8; 1 Corintios 10:13).
2. Enseñar (vea Colosenses 2:6-7);
3. Ser ejemplo (vea Filipenses 4:9);
4. Trabajar con los nuevos convertidos hasta que puedan presentarse a Cristo como un creyente maduro (vea Colosenses 1:28-29).

UNA MISIÓN CON EL MAESTRO

El día 1 comenzó a aprender cómo tratar a los niños espirituales, según lo ilustra el Maestro Constructor. Hoy aprenderemos otras maneras de tratar a los niños espirituales para alentarlos a crecer espiritualmente. Al terminar este estudio podrá dibujar el diagrama del Maestro Constructor y explicarlo con sus palabras.

 Lea el siguiente pasaje bíblico y subraye las palabras que describen al niño espiritual.

Acerca de esto tenemos mucho que decir, y difícil de explicar, por cuanto os habéis hecho tardos para oír. Porque debiendo

Porque vosotros mismos sabéis, hermanos, que nuestra visita a vosotros no resultó vana; pues habiendo antes padecido y sido ultrajados en Filipos, como sabéis, tuvimos denuedo en nuestro Dios para anunciaros el evangelio de Dios en medio de gran oposición. Porque nuestra exhortación no procedió de error ni de impureza, ni fue por engaño, sino que según fuimos aprobados por Dios para que se nos confiase el evangelio, así hablamos; no como para agradar a los hombres, sino a Dios, que prueba nuestros corazones. Porque nunca usamos de palabras lisonjeras, como sabéis, ni encubrimos avaricia; Dios es testigo (1 Tesalonicenses 2:1-5).

Ni buscamos gloria de los hombres; ni de vosotros, ni de otros, aunque podíamos seros carga como apóstoles de Cristo. Antes fuimos tiernos entre vosotros, como la nodriza que cuida con ternura a sus propios hijos (1 Tesalonicenses 2:6-7).

Así como también sabéis de qué modo, como el Padre a sus hijos, exhortábamos y consolábamos a cada uno de vosotros y os encargábamos que anduvieseis como es digno de Dios, que os llamó a su reino y gloria (1 Tesalonicenses 2:11-12).

GUÍA DIARIA DE COMUNIÓN CON EL MAESTRO

1 TESALONICENSES 2–3

Qué me dijo Dios:

_____

_____

_____

_____

_____

_____

_____

Qué le dije yo a Dios:

_____

_____

_____

_____

_____

_____

_____

_____

ser ya maestro, después de tanto tiempo, tenéis necesidad de que se os vuelva a enseñar cuáles son los primeros rudimentos de las palabras de Dios; y habéis llegado a ser tales que tenéis necesidad de la leche, y no de alimento sólido. Y todo aquel que participa de la leche, y no de alimento sólido. Y todo aquel que participa de la leche es inexperto en la palabra de justicia, porque es niño; pero el alimento sólido es para los que han alcanzado madurez, para los que por el uso tienen los sentidos ejercitados en el discernimiento del bien y del mal (Hebreos 5:11-14).

Codiciáis, y no tenéis; matáis y ardéis de envidia, y no podéis alcanzar; combatís y lucháis, pero no tenéis lo que deseáis, porque no pedís. Pedís, y no recibís, porque pedís mal, para gastar en vuestros deleites. ¡Oh almas adúlteras! ¿No sabéis que la amistad del mundo es enemistad contra Dios? Cualquiera, pues, que quiera ser amigo del mundo, se constituye enemigo de Dios (Santiago 4:2-4).

Estos versículos nos dicen que un niño espiritual necesita crecer. Hebreos 5:11-14 dice que dicha persona es lenta para aprender, necesita que alguien le enseñe y no está preparada para distinguir entre el bien y el mal. Santiago 4:2-4 dice que esta persona es propensa a disputas y peleas, no ora, pide motivada indebidamente y es amiga del mundo.

Muchos de los creyentes más viejos que todavía presentan estas características desearían crecer, pero no saben cómo. Tal vez hayan rededicado su vida y hecho nuevas resoluciones, pero solo logran volver a los malos hábitos. Representan uno de los campos más fructíferos para hacer discípulos. Muchos han abandonado la idea de vivir la vida de discípulos que usted experimenta. Usted puede renovarles la esperanza.

 Aliente a un nuevo creyente o hable con un niño espiritual.

 Los versículos para memorizar esta semana, 1 Pedro 2:2-3, destacan la importancia de cuidar a los creyentes nuevos. Vea cuántos de estos versículos puede escribir de memoria.

TESTIFIQUEMOS PARA EL MAESTRO

 La semana pasada aprendió una simple presentación del evangelio que puede usarse con alguien inconverso. Busque las páginas 128-131 y repase la presentación El evangelio en la mano. Luego aprenda cómo dibujar la mano a medida que hace la presentación. Practíquelo con un amigo o miembro de la familia.

Hoy lea 1 Tesalonicenses 2-3 durante su devocional. Luego complete la guía diaria de comunión con el Maestro en el margen.

DÍA 4

Ejemplos de seguimiento

Puede aprender más sobre cómo instruir a los niños espirituales estudiando qué hacía la iglesia primitiva con su convertidos.

Lea Hechos 2:42-47 en el margen y subraye palabras o frases que indiquen qué hizo la iglesia primitiva para desarrollar el seguimiento de los creyentes nuevos.

Tal vez haya subrayado "perseveraban en la doctrina de los apóstoles", "en la comunión", "en el partimiento del pan", "los que habían creído estaban juntos", "y lo repartían a todos según la necesidad de cada uno" "perseverando unánimes cada día" "comían juntos" y "alabando a Dios". La iglesia creció usando estos métodos comunes de la iglesia primitiva para cuidar a los nuevos creyentes.

Lea Hechos 11:19-23 en el margen. Describa cómo la iglesia de Jerusalén cuidó el seguimiento de los nuevos creyentes en las ciudades distantes.

_____

La iglesia de Jerusalén ni se olvidó ni abandonó a los convertidos de las ciudades distantes. Recordaban a los creyentes nuevos en Antioquía y enviaban personas para alentarlos. Uno de ellos fue Bernabé. Es importante no olvidar a los creyentes nuevos, ni dejarlos a su propia suerte, especialmente los que están muy lejos.

 Continúe memorizando los versículos de esta semana, 1 Pedro 2:2-3. Describa cómo tratará de aplicarlos para discipular a otros creyentes a medida que maduran en Cristo.

_____

_____

PREPÁRESE PARA MINISTRAR

 Para hacer el seguimiento de un nuevo creyente puede usar el folleto Bienvenido a la familia de Dios. Aprenda las ideas-básicas del folleto para explicarle el concepto al nuevo creyente usando sus propias palabras, sin tener que leérselo. Entréguele una copia del folleto a la persona después que reciba a Cristo.

Y perseveraban en la doctrina de los apóstoles, en la comunión unos con otros, en el partimiento del pan y en las oraciones. Y sobrevino temor a toda persona; y muchas maravillas y señales eran hechas por los apóstoles. Todos los que habían creído estaban juntos, y tenían en común todas las cosas; y vendían sus propiedades y sus bienes, y lo repartían a todos según la necesidad de cada uno. Y perseverando unánimes cada día en el templo, y partiendo el pan en las casas, comían juntos con alegría y sencillez de corazón, alabando a Dios, teniendo favor con todo el pueblo. Y el Señor añadía cada día a la iglesia los que habían de ser salvos (Hechos 2:42-47).

Ahora bien, los que habían sido esparcidos a causa de la persecución que hubo con motivo de Esteban, pasaron hasta Fenicia, Chipre y Antioquía, no hablando a nadie la palabra, sino sólo a los judíos. Pero había entre ellos unos varones de Chipre y de Cirene, los cuales, cuando entraron en Antioquía, hablaron también a los griegos anunciando el evangelio del Señor Jesús. Y la mano del Señor estaba con ellos, y gran número creyó y se convirtió al Señor. Llegó la noticia de estas cosas a oídos de la iglesia que estaban en Jerusalén; y enviaron a Bernabé que fuese hasta Antioquía. Este, cuando llegó, y vio la gracia de Dios, se regocijó, y exhortó a todos a que con propósito de corazón permaneciesen fieles al Señor (Hechos 11:19-23).

GUÍA DIARIA DE COMUNIÓN CON EL MAESTRO

HECHOS 11

Qué me dijo Dios:

_____

_____

_____

_____

_____

_____

_____

_____

Qué le dije yo a Dios:

_____

_____

_____

_____

_____

_____

_____

_____

PREPARACIÓN PARA MINISTRAR

Algunas veces quizás necesite instruir a un nuevo creyente, pero no tendrá a la mano una copia de algún libro o folleto que lo ayude a hacerlo. Escriba cómo puede usar las siguientes disciplinas de la cruz del discípulo para instruir a un nuevo creyente.

Vivir la Palabra: _____

_____

Orar con fe: _____

_____

Tener comunión con los creyentes: _____

_____

Testificar al mundo: _____

_____

Tal vez haya escrito ideas similares a la siguiente:
- La disciplina de vivir la Palabra equivale a alimentarse diariamente con la Palabra.
- La disciplina de orar con fe equivale a elevar una oración en cada momento.
- La disciplina de la comunión con los creyentes equivale a formar parte de la familia de la iglesia.
- La disciplina de testificar equivale a comunicar a otros la fe.

TESTIFIQUEMOS PARA EL MAESTRO

 En las semanas previas usted escribió una lista de nombres de personas inconversas en el pacto de oración (p. 131). Visite a una de esas personas esta semana. Cuente su testimonio y exponga el evangelio.

 Lea Hechos 11 durante su devocional. Luego complete la guía diaria de comunión con el Maestro en el margen.

DÍA 5

Cómo cuidar el seguimiento de un nuevo creyente

Esta semana examinará los ejemplos de Bernabé, Pablo, Jesús y la iglesia primitiva para discipular a los niños espirituales. Usted ha estudiado las bases bíblicas del seguimiento de los nuevos convertidos y los peligros de no hacerlo. Hoy aprenderá cómo cuidar a los nuevos creyentes.

Tal como un bebé recién nacido necesita cuidados, un nuevo creyente necesita el consejo y la orientación diaria. Hoy aprenderá algunas guías prácticas para el seguimiento. Puede usarlas a medida que guíe a un nuevo creyente. *Sígueme uno: cómo crecer espiritualmente*, es un estudio de seis semanas escrito con ese propósito, a fin de preparar al nuevo creyente para comenzar con éxito su vida cristiana.[2] Su líder debe haberle dado un ejemplar de *Sígueme uno*[3] en la última sesión de grupo.

Explorará las siguientes disciplinas para el seguimiento de un creyente nuevo:

1. Explíquele a la persona por qué.
2. Muéstrele cómo.
3. Haga que la persona comience.
4. Mantenga a la persona en su tarea.
5. Ayude a la persona a reproducir su fe.

EXPLÍQUELE A LA PERSONA POR QUÉ

Lea 2 Timoteo 2:2 en el margen. Explique a la persona por qué es tan importante discipularla, ya sea con un manual, o enseñándola a leer la Biblia, orar o testificar. Primero, la persona debe entender el significado de lo que se le está enseñando, la razón por la cual usted aparta tiempo para explicárselo y la importancia que tiene en la vida cristiana. Si el niño espiritual al que usted está afirmando en su fe no entiende el porqué, pensará que tan solo es una actividad más. Explicarle a los creyentes por qué la capacitación es esencial en una relación con Cristo que los ayudará a crecer, los protegerá de las tentaciones de Satanás y los ayudará a madurar en Cristo.

Por ejemplo, si usted le está enseñando a un creyente nuevo cómo usar *Sígueme uno*[2], deberá explicarle que dicho estudio es importante porque todo creyente nuevo pasa por determinadas etapas en las que debe reemplazar la vieja naturaleza por la nueva. Si le explica por qué debe bautizarse, le dirá que los creyentes deben obedecer los mandamientos del Señor.

Tal como un bebé recién nacido necesita cuidados, un nuevo creyente necesita el consejo y la orientación diaria.

Lo que has oído de mí ante muchos testigos, esto encarga a hombres fieles que sean idóneos para enseñar también a otros (2 Timoteo 2:2).

Lo que aprendisteis y recibisteis y oísteis y visteis en mí, esto haced; y el Dios de paz estará con vosotros (Filipenses 4:9).

Y ahora, hermanos, os encomiendo a Dios, y a la palabra de su gracia, que tiene poder para sobreedificaros y daros herencia con todos los santificados (Hechos 20:32).

Por esto, yo no dejaré de recordaros siempre estas cosas, aunque vosotros las sepáis, y estéis confirmados en la verdad presente. Pues tengo por justo, en tanto que estoy en este cuerpo, el despertaros con amonestación; sabiendo que en breve debo abandonar el cuerpo, como nuestro Señor Jesucristo me ha declarado. También yo procuraré con diligencia que después de mi partida vosotros podáis en todo momento tener memoria de estas cosas (2 Pedro 1:12-15).

MUÉSTRELE CÓMO

Lea Filipenses 4:9 en el margen. Muchas personas quieren crecer en su vida cristiana pero no saben cómo hacerlo. Han sido inspiradas, desafiadas y se han sentido hasta culpables por no estar haciendo ciertas cosas, pero nadie ha hecho el esfuerzo de explicarles cómo lograrlo. Usted puede usar el material de *Vida discipular* para discipular a un creyente nuevo. Por ejemplo, le puede explicar cómo buscar los versículos en la Biblia, cómo orar, cómo sobreponerse a la tentación, cómo ganar una batalla espiritual y cómo llevar una lista de oración usando la lista para el pacto de oración. Puede explicarle los tipos más importantes de oración: acción de gracias, alabanza, confesión y petición. Encargue tareas específicas a la persona y enséñele cómo llevarlas a cabo.

HAGA QUE LA PERSONA COMIENCE.

Lea Hechos 20:32 en el margen. Logre que la persona comience a moverse del nivel de información al nivel de la acción. No solo debe explicarle a la persona cómo, sino que también debe ayudarla a comenzar a hacer lo que usted le enseñó. Esto ayuda a que la persona pase del conocimiento teórico a la práctica. La aplicación es el paso que cambia la vida de la persona.

Por ejemplo, comience en *Sígueme uno*[2] ayudando a la persona a completar las actividades del primer día. Trabaje junto con ella en 2 ó 3 actividades hasta que las entienda. Luego deje que la persona complete su trabajo diario respondiendo a cualquier duda que tenga.

MANTENGA A LA PERSONA EN SU TAREA.

Lea 2 Pedro 1:12-15 en el margen. Lleve la cuenta de las tareas que está haciendo revisándoselas. Haga lo que sea necesario para ayudar a la persona a convertirse en un discípulo con éxito y obediente.

Es más fácil hacer que las personas comiencen una tarea a que sean perseverantes en la misma. La mayoría carece de disciplina. Piense en la disciplina que requirió *Vida discipular.*

¿Qué lo ha mantenido perseverante en este proceso de *Vida discipular*?

_____

Tal vez usted se disciplinó al saber que alguien verificaría sus tareas en las sesiones de grupo. Tal vez fue la sección "Mi andar con el Maestro" lo que lo ayudó a verificar que las actividades estuviesen completas. Tal vez fue su compañero de oración el que oró por su progreso.

Pídele a la persona que está estudiando *Sígueme uno*[2] que se reúna con usted para verificar las tareas. Es mejor hacer esto en persona, pero si no es posible, llámala por teléfono y pregúntele qué ha aprendido esta semana. Pregúntele si ha encontrado alguna dificultad. Mantenga un contacto semanal con la persona durante las seis semanas que estará estudiando *Sígueme uno*[2].

Cuéntele a la persona las luchas que usted tuvo para ser disciplinado. Ayude a la persona a motivarse para completar su trabajo semanal; evite avergonzar a la persona si no ha completado la tarea. Recuerde que los creyentes nuevos luchan contra una gran variedad de problemas: territorio desconocido, falta de disciplina, ataques de Satanás y el esfuerzo que requiere el cambio de un modo de vivir a otros. Invite a la persona a participar en las actividades de la iglesia con usted. Tal vez pueda dirigir un estudio individual de *Vida discipular 1: La cruz del discípulo* para aprender las disciplinas de la vida cristiana.

AYUDE A LA PERSONA A REPRODUCIR SU FE.

Lea Juan 15:16 en el margen. Enseñe a la persona a explicar a otros lo que usted le ha enseñado. Todas sus prácticas de discipulado deben ser transferibles. Dios nos hace reproducir nuestra fe. Es normal y natural para el creyente querer reproducir. El nuevo cristiano tiene el deseo innato de comunicar su experiencia a los demás. Usted puede enseñarle cómo hacerlo.

Frecuentemente el testimonio de un nuevo creyente puede ganar a otras personas. Después que su discípulo haya terminado *Sígueme uno*, pídale que guíe a alguien más por medio de ese mismo estudio.

No me elegisteis vosotros a mí, sino que yo os elegí a vosotros, y os he puesto para que vayáis y llevéis fruto, y vuestro fruto permanezca; para que todo lo que pidiereis al Padre en mi nombre, él os lo dé (Juan 15:16).

Escriba las cinco disciplinas para hacer el seguimiento de un niño espiritual.

1. _____

2. _____

3. _____

4. _____

5. _____

UNA MISIÓN CON EL MAESTRO

Esta semana ha estudiado las características de un niño espiritual tal como se ilustraron en el Maestro Constructor

 Escriba su tarea para ayudar a un niño espiritual a crecer según las etapas del Maestro Constructor. Si no lo puede recordar, repase la presentación en las páginas 123-127.

_____

La tarea del Maestro Constructor con un niño espiritual es instruirlo. Esta semana ha leído algunos ejemplos de Bernabé, Pablo, Jesús y la iglesia primitiva establecida por nuevos creyentes.

GUÍA DIARIA DE COMUNIÓN CON EL MAESTRO

2 PEDRO 1:5-9

Qué me dijo Dios:

_____

_____

_____

_____

_____

_____

_____

_____

Qué le dije yo a Dios:

_____

_____

_____

_____

_____

_____

_____

_____

Usted puede seguir estos ejemplos. Mientras vaya aprendiendo, ayudará a otros orando por ellos, pasando tiempo con ellos, alentándolos, presentándoselos a otros creyentes, adorando juntos y señalándoles la Palabra de Dios como la única guía para su vida. Su tarea es afirmar a dicha persona en la fe.

Escriba los nombres de los creyentes nuevos a quienes usted ayuda y cómo están afirmándose en la fe.

_____

_____

Deténgase y ore por los creyentes nuevos que están creciendo. Pídale al Padre que lo ayude a desempeñar con paciencia y constancia el papel de modelo.

 Diga en voz alta los versículos para memorizar esta semana, 1 Pedro 2:2-3, a su compañero de oración o a un familiar.

En las semanas 1 y 2 usted aprendió que es difícil presentarle el evangelio a alguien con quien usted no tiene una buena relación. También es difícil discipular a un creyente nuevo con el que usted no tiene una buena relación.

 Procure reconciliarse con la persona con quien sea más difícil lograrlo. Use la armadura espiritual para orar anticipadamente. Si no recuerda la presentación de la armadura espiritual consulte las páginas 129-131 de _Vida Discipular 3_.

Lea hoy 2 Pedro 1:5-9 en su devocional. Este pasaje describe las cualidades de un creyente fructífero. Luego complete la guía diaria de comunión con el Maestro, en el margen.

¿QUÉ EXPERIENCIA TUVO ESTA SEMANA?
Repase la sección "Mi andar con el Maestro en esta semana" al comienzo del material para esta semana. Marque las actividades que haya completado con una línea vertical en el diamante. Termine toda actividad incompleta. Piense qué dirá durante la sesión de grupo acerca de su trabajo en estas actividades.

---

1. Herschel H. Hobbs, _The Gospel of Matthew_ (Grand Rapids: Baker Book House, 1961), 134.
2. _Bienvenido a la familia de Dios_, Casa Bautista de Publicaciones, El Paso, Texas.
3. _Sígueme uno: cómo crecer espiritualmente_, disponible en librerías cristianas, en las librerías LifeWay Christian Stores o llamando al 1-800-257-7744.

SEMANA 4

La madurez del discípulo

La meta de esta semana
Usted podrá bosquejar un proceso personal de crecimiento espiritual y podrá comenzar a ayudar a otro creyente a crecer hacia la madurez espiritual.

Mi andar con el Maestro en esta semana
Completará las siguientes actividades para desarrollar las seis disciplinas bíblicas. Cuando haya completado cada actividad trace una línea vertical en el diamante que aparece al lado.

DEDICARLE TIEMPO AL MAESTRO
◇ Tenga un tiempo devocional cada día. Marque los días en que tenga su devocional:
   ❑ Domingo ❑ Lunes ❑ Martes ❑ Miércoles ❑ Jueves ❑ Viernes ❑ Sábado

VIVIR EN LA PALABRA
◇ Lea su Biblia diariamente. Escriba qué le dice Dios y que usted le dice a Él.
◇ Memorice Lucas 6:40.
◇ Repase Mateo 5:23-24, Romanos 6:23, y 1 Pedro 2:2-3.

ORAR CON FE
◇ Ore para que el Señor le dé una sincera vocación de servicio.

TENER COMUNIÓN CON LOS CREYENTES
◇ Dedique un tiempo especial a un familiar o un amigo.

TESTIFICAR AL MUNDO
◇ Lea la sección titulada "Cómo guiar a alguien hacia una decisión de fe". Explíquesela a alguien en sus propias palabras.
◇ Explique a una persona inconversa el método visual El evangelio en la mano.

MINISTRAR A OTROS
◇ Aprenda las características de un discípulo espiritual como se indica en la presentación del Maestro Constructor.
◇ Use el dinero que su líder le dio para ministrar a otro.
◇ Estudie la "Guía para ser socios de Dios en las finanzas".
◇ Ayude a alguien a quien usted discipule actualmente a elaborar un plan para su crecimiento espiritual.

Versículo para memorizar esta semana
El discípulo no es superior a su maestro; mas todo el que fuere perfeccionado, será como su maestro (Lucas 6:40).

El cual nos ha librado de la potestad de las tinieblas, y trasladado al reino de su amado Hijo, en quien tenemos redención por su sangre, el perdón de pecados (Colosenses 1:13-14).

Y vosotros también, que erais en otro tiempo extraños y enemigos en vuestra mente, haciendo malas obras, ahora os ha reconciliado en su cuerpo de carne, por medio de la muerte, para presentaros santos y sin mancha irreprensibles delante de él (Colosenses 1:21-22).

En su cuerpo de carne, por medio de la muerte, para presentaros santos y sin mancha e irreprensibles te de él (Colosenses 1:22).

El cual nos ha librado de la potestad de las tinieblas, y traslado al reino de su amado Hijo (Colosenses 1:13).

Por lo cual también nosotros, desde el día que lo oímos, no cesamos de orar por vosotros, y de pedir seáis llenos del conocimiento de su voluntad en toda sabiduría e inteligencia espiritual (Colosenses 1:9).

Para que andéis como es digno del Señor, agradándole en todo,, llevando frutos en toda buena obra, y creciendo en el conocimiento de Dios (Colosenses 1:10).

DÍA 1

Crezca hacia la madurez

Cuando Shirley y yo éramos novios, ella trabajaba en la oficina de un arquitecto. Un día vino un hombre y le pidió que comprase una hoja de dibujo de 45 pies de largo. Dijo que tenía que hacer un dibujo que representara su vida espiritual y necesitaba esa cantidad de papel.

¿Cómo mide usted la madurez espiritual? El propósito de Dios es que cada persona sea espiritualmente madura, y Él mismo ha provisto la manera para continuar creciendo. Esta semana verá qué significa ser un discípulo espiritual, determinará en qué etapa de su proceso de crecimiento está y hará planes para mejorar. Al finalizar esta semana será capaz de:
- enumerar tres maneras en que puede crecer hacia una madurez cristiana;
- comprometerse a dar su dinero a la obra de Dios;
- enumerar cinco principios que Jesús usó para desarrollar discípulos;
- explicar cómo se pueden aplicar los cinco principios de su discipulado y del crecimiento de otros creyentes;
- describir las características de un discípulo espiritual.

En Colosenses 1:21—2:8 Pablo revela el propósito de Dios para que cada creyente sea perfectamente completo en Cristo y describe los ejemplos que Cristo, un discípulo y un discipulador, tienen en el proceso del desarrollo espiritual. Mientras estudia el pasaje de hoy, aprenderá:
- La provisión de Dios para usted;
- El plan de Dios para usted;
- El propósito de dios para usted.

LA PROVISIÓN DE DIOS PARA USTED
Primero, considere la provisión de Dios para usted hacia la madurez en Cristo. Lea Colosenses 1:13-14, 21-22 en el margen.

Subraye las frases que en estos dos pasajes especifican lo que Dios ha provisto para usted.

Tal vez subrayó *nos ha librado de la potestad de las tinieblas; trasladado al reino de su amado Hijo; tenemos redención; perdón de pecados; os ha reconciliado y presentarnos santos.*

Deténgase y dé gracias a Dios por lo que nos ha dado según lo que acaba de leer.

EL PLAN DE DIOS PARA USTED
La palabra de Dios expresa lo que Dios espera de su crecimiento espiritual.

Lea los versículos que quedan en el margen. Relacione las declaraciones con los propósitos que Dios quiere que usted logre.

_____ 1. Colosenses 1:22   a. Ser trasladados al Reino de Dios.

_____ 2. Colosenses 1:13   b. Ser llenos del conocimiento de la
                                       voluntad de Dios.

_____ 3. Colosenses 1:9   c. Ser presentados santos y sin
                                       mancha.

_____ 4. Colosenses 1:10   d. Andar como es digno del Señor
                                       y agradándole en todo.

Mientras se esfuerza para perfeccionarse, Dios quiere que usted le agrade, que sea lleno del conocimiento de su voluntad, santo y sin mancha y que forme parte de su reino. Las respuestas son: 1.c, 2.a, 3.b y 4.d.

Lea Colosenses 1:10-12 en el margen. Subraye los resultados si usted ha dado los pasos mencionados en la actividad anterior mientras se esfuerza para perfeccionarse.

Estos versículos le dicen que usted llevará fruto en toda buena obra, crecerá en el conocimiento de Dios, se consolidará con todo poder, tendrá más fortaleza y paciencia y con gozo dará gracias a Dios.

EL PROPÓSITO DE DIOS PARA USTED

Dios tiene grandes expectativas con respeto a usted, pero Él también le enseña cómo llegar a la madurez espiritual. Dios le revela sus propósitos para crecer espiritualmente Lea Colosenses 2:6 en el margen.

Éste versículo contiene tres ilustraciones de crecimiento. La primera es la del crecimiento humano, que se refleja en las etapas del desarrollo espiritual del Maestro Constructor: el niño espiritual, el discípulo espiritual (adulto), el discipulador (padre) y el colaborador (abuelo).

Lea Efesios 4:14-15 en el margen y subraye las palabras que indican el crecimiento del cuerpo.

   ¿Subrayó _crecimiento_?

   La segunda ilustración del crecimiento del discípulo es la del crecimiento de una planta.

Lea Efesios 3:17 en el margen. ¿Qué imagen viene a su mente cuando piensa en estar arraigado o establecido?

_____

Tal vez haya descrito un árbol con raíces que pueden soportar vientos fuertes. Si usted está bien arraigado y establecido, también podrá soportar las tentaciones de la vida y las dificultades.

   La tercera ilustración del crecimiento del discípulo es la construcción de un edificio. ¿Qué significa ser edificado en Él? Lea 1 Corintios 3:11 en el margen.

Para que andéis como es digno del Señor, agradándole en todo, llevando fruto en toda buena obra, y creciendo en el conocimiento de Dios; fortalecidos con todo poder, conforme a la potencia y longanimidad; con gozo dando gracias al Padre que nos hizo aptos para participar de la herencia de los santos en luz (Colosenses 1:10-12).

Por tanto, de la manera que habéis recibido al Señor Jesucristo, andad en él (Colosenses 2:6).

Para que no seamos niños fluctuantes, llevados por doquiera de todo viento de doctrina, por estratagema de hombres que para engañar emplean con astucia las artimañas del error sino que siguiendo la verdad en amor, crezcamos en todo en aquel que es la cabeza, esto es, Cristo (Efesios 4:14-15).

Para que habite Cristo por la fé en vuestros corazones, a fin de que, arraigados y cimentados en amor... (Efesios 3:17).

Porque nadie puede poner otro fundamento que el que está puesto, el cual es Jesucristo (1 Corintios. 3:11).

GUÍA DIARIA DE COMUNIÓN CON EL MAESTRO

❧

Colosenses 2

Qué me dijo Dios:

_____

_____

_____

_____

_____

_____

_____

_____

Qué le dije yo a Dios:

_____

_____

_____

_____

_____

_____

_____

Ser edificados en Él es una señal importante de la madurez espiritual del discípulo. Si el fundamento de su vida no está en Cristo, no tiene posibilidad de crecer espiritualmente porque su vida esta edificada en un fundamento equivocado. ¿Cómo edificamos el fundamento? Las disciplinas de la cruz del discípulo puede ayudarlo a construir un fundamento sólido para su crecimiento espiritual.

Mañana examinaremos otras características de la naturaleza del discípulo. En los días 3,4 y 5 aprenderá la manera de ayudar a los demás a crecer hacia su madurez espiritual.

UNA MISIÓN CON EL MAESTRO

 Lea la presentación del Maestro Constructor en las páginas 123-127, con un énfasis especial en las enseñanzas de un discípulo espiritual. Al finalizar este estudio será capaz de dibujar el diagrama del Maestro Constructor y explicarlo con sus propias palabras.

Lea los siguientes pasajes y subraye las palabras o frases que describen al discípulo espiritual.

> _Os he escrito a vosotros, padres, porque habéis conocido al que es desde el principio. Os he escrito a vosotros, jóvenes, porque sois fuertes, y la palabra de Dios permanece en vosotros, y habéis vencido al maligno (1 Juan 2:14)._

> _...Si vosotros permaneciereis en mi palabra, seréis verdaderamente mis discípulos; (Juan 8:31)._

Estos versículos declaran que un discípulo maduro es fuerte, que la Palabra de Dios está viva en él y que la persona puede sobreponerse al mal. Este discípulo se mantiene firme en las enseñanzas de Cristo.

Haga un círculo en el nivel que usted cree que ha madurado en cada una de las áreas. El numero 5 indica el mayor nivel de madurez.

Soy fuerte	1	2	3	4	5
La palabra de Dios vive en mí	1	2	3	4	5
Me sobrepongo al mal.	1	2	3	4	5
Me mantengo fiel a las enseñanzas de Cristo.	1	2	3	4	5

Deténgase y pídale a Dios que lo ayude a ser un discípulo maduro en estas áreas.

Pídale a Dios que comience a poner en su corazón los nombres de niños espirituales a quienes puede ayudar a ser discípulos espirituales. Pídale que lo ayude a entender sus necesidades y a estar alerta para brindarles la preparación que necesiten.

El versículo bíblico de esta semana, Lucas 6:40, se refiere a la importancia de estar bien capacitados y el papel del maestro. Para comenzar a memorizarlo, escríbalo en el margen de una a tres veces.

 Lea Colosenses 2 en su devocional. Luego complete la guía diaria de comunión con el Maestro en la página anterior.

 Describa qué bendiciones ha recibido durante su devocional que comenzó este proceso de *Vida discipular*.

DÍA 2

La gracia de dar

Llegar a ser un creyente espiritualmente maduro involucra aprender el papel de la dádiva en su vida. He conocido diezmadores que no eran discípulos espirituales, pero nunca he conocido un discípulo espiritualmente maduro que no le ofrendara a Dios por lo menos el diez por ciento de sus ingresos.

Hoy examinaremos 2 Corintios 4-9 para aprender las respuestas a estas preguntas claves acerca de la ofrenda:
- ¿Por qué debo ofrendar?
- ¿Cuánto debo ofrendar?
- ¿Cuáles son los beneficios de ofrendar?

¿POR QUÉ DEBE OFRENDAR?

Usted se preguntará por qué debe dar a otros cuando usted y su familia tienen tantas necesidades. Lea 2 Corintios 4:4-7 en el margen.

La primera razón por la cual debe dar es que Satanás, el dios de este mundo, ha cegado las mentes de los inconversos. Tres cuartas partes de las personas de este mundo no creen en Cristo, y alrededor de 1.680 millones de personas nunca han oído hablar de Jesús.[1] Lo que usted ofrenda proporciona los medios para alcanzar a estas personas con el evangelio.

La segunda razón por la cual debe ofrendar es que usted ha experimentado la gracia salvadora de Dios. El Creador hizo resplandecer la luz de la salvación en su corazón enviando a Jesús. Usted puede ver ahora la gloria de Dios. Usted ofrenda en gratitud por el regalo que Dios le dio.

Lea 2 Corintios 5:11,14,19-20 en el margen. Estos versículos amplían el concepto de la ofrenda:

Porque por la mucha tribulación y angustia del corazón os escribí con muchas lagrimas, no para que fueseis contristados, sino para que supieseis cuán grande es el amor que os tengo. Pero si alguno me ha causado tristeza, no me la ha causado a mi solo, sino en cierto modo (por no exagerar) a todos vosotros.. Le basta a tal persona esta reprensión hecha por muchos; así que, al contrario, vosotros más bien sabéis perdonarle y consolarle, para que no sea consumido de demasiada tristeza (2 Corintios 4:4-7).

Conociendo, pues, el temor del Señor, persuadimos a los hombres; pero a Dios le es manifiesto lo que somos; y espero que también lo sea a vuestras conciencias (2 Corintios 5:11).

Porque el amor de Cristo nos constriñe, pensando esto: que si uno murió por todos, luego todos murieron (2 Corintios 5:14).

Que Dios estaba en Cristo reconciliando consigo al mundo, no tomándoles en cuenta a los hombres sus pecados, y nos encargo a nosotros la palabra de la reconciliación. Así que, somos embajadores en nombre de Cristo, como si Dios rogase por medio de nosotros; os rogamos en nombre de Cristo: Reconciliaos con Dios (2 Corintios 5:19-20).

No hablo como quien manda, sino para poner a prueba, por medio de la diligencia de otros, también la sinceridad del amor vuestro. Porque ya conocéis la gracia de nuestro Señor Jesucristo, que por amor a vosotros se hizo pobre, siendo rico, para que vosotros con su pobreza fueseis enriquecidos (2 Corintios 8:8-9).

Asimismo, hermanos, os hacemos saber la gracia de Dios que se ha dado a las iglesia de macedonia; que en grande prueba de tribulación, la abundancia de su gozo y su profunda pobreza abundaron en riquezas de su generosidad. Pues doy testimonio de que con agrado han dado conforme a sus fuerzas, y aún más allá de sus fuerzas, pidiéndonos con muchos ruegos que le concediésemos el privilegio de participar en este servicio para los santos. Y no como lo esperábamos, sino que a sí mismos se dieron primeramente al Señor, y luego a nosotros por la voluntad de Dios (2 Corintios 8:1-5).

Porque no digo esto para que haya para otros holgura, y para vosotros estrechez, sino para que en este tiempo con igualdad, la abundancia vuestra supla la escasez de ellos, para que también la abundancia de ellos supla la necesidad vuestra, para que haya igualdad, como está escrito: El que recogió mucho, no tuvo más, y el que poco, no tuvo menos (2 Corintios 8:13-15).

1. Usted ofrenda porque tiene la responsabilidad de compartir la gracia de Dios con los perdidos. Cuando usted ofrenda se une a otros creyentes en la tarea de llevar el evangelio a los perdidos de todo el mundo.
2. Usted ofrenda porque el juicio de Dios es inminente. Millones de personas en el mundo no conocen a Cristo, 3 millones en Singapur, 4 millones en Cantón, 6 millones en Hong Kong, 9 millones en Yakarta, 9 millones en Manila y 25 millones en Tokio.[2] Usted sabe que irán al infierno sin Cristo.
3. Usted ofrenda porque el amor de Dios lo obliga a hacerlo. Su motivación para ofrendar no proviene de lo que hacen los demás, sino de lo que usted ve en Dios. Usted testifica de Cristo porque Él le ha dado el ministerio de la reconciliación y lo ha hecho su embajador.

¿Cómo puede ser un embajador y un instrumento de Cristo?
❑ **Háblele a los demás de Cristo.**
❑ **Ministre a las personas necesitadas.**
❑ **Ore por los inconversos.**
❑ **Ofrende sacrificialmente de sus entradas.**

Todas estas declaraciones son formas de ser un embajador de Cristo.

¿CUÁNTO DEBO OFRENDAR?
Usted puede medir su ofrenda basándose en 2 Corintios 8.

Lea 2 Corintios 8:8-9 en el margen. ¿Cuánto dio Jesús?

_____

Cristo dio de sus riquezas. Él dejó la gloria de los cielos para vivir la pobreza en la tierra. Dio su vida en la cruz para que usted pudiese ser salvo.

Pablo puso a las iglesias en Macedonia como ejemplos de quienes ofrendan aún en la pobreza.

Lea 2 Corintios 8:1-5 en el margen. Subraye las declaraciones que describen lo que daban las iglesias en Macedonia.

Las iglesias de Macedonia se dieron "a sí mismos" al Señor además de ofrendar de sus bienes materiales. Dieron de acuerdo a su capacidad y aun más de lo que sus posibilidades le permitían.

Lea 2 Corintios 8:13-15 en el margen. Estos versículos dicen que el ofrendar no tiene como propósito hacerlo sufrir sino suplir las necesidades de los demás. Usted debe ofrendar según sus posibilidades. Frecuentemente las personas que dan, reciben en proporción similar cuando pasan necesidad.

¿A qué igualdad se refieren 2 Corintios 8:13-15?

_____

Cuando usted piense en igualdad, recuerde que de 35.000 a 41.000 niños mueren cada día de hambre y desnutrición.[3] Usted puede tratar de lograr la igualdad con lo que tiene. Ofrendar debe dar por resultado satisfacer todas las necesidades de la familia de Dios por igual.

Nótese las medidas para dar que se presentaron en estos versículos que estudió. Compare lo que usted ofrenda con los ejemplos leídos. Deténgase y pregúntele a Dios si le agrada lo que usted ofrenda.

¿CUÁLES SON LOS BENEFICIOS DE OFRENDAR?

Uno de los beneficios de ofrendar se menciona en 2 Corintios 9:6-7, que aparece en el margen. Este pasaje habla de ofrendar según le indique su corazón. ¿Cómo se decide qué es esto? La gente tiene varias maneras de determinarlo. Cuando yo era estudiante universitario, comencé a poner un 10 por ciento más de mi diezmo en una cuenta especial en el banco. Al finalizar el año, sentía una gran satisfacción al ofrendar ese 10 por ciento a las misiones. Pero más importante aun, aprendí que nunca podría dar más de lo que Dios me daba. Misericordiosamente Él siempre me daba mucho más de la cantidad extra que yo ofrendaba.

Este pasaje lo amonesta a no dar a regañadientes o por compromiso. La mayordomía implica voluntad, y generosidad. ¡Dios ama al dador alegre! ¡No ofrende hasta que le duela, sino hasta sentirse bien!

Lea 2 Corintios 9:8-15 en el margen. ¿Qué le sucederá cuando usted ofrende? Marque las declaraciones que le correspondan.
- [ ] **1. Ofrendar trae bendiciones de Dios para satisfacer nuestras necesidades.**
- [ ] **2. Ofrendar evitar que pasen cosas malas.**
- [ ] **3. Ofrendar demostrará gratitud a Dios**
- [ ] **4. Ofrendar aumenta la habilidad de seguir ofrendando**
- [ ] **5. Ofrendar satisface las necesidades de los que Dios ama.**
- [ ] **6. Ofrendar motiva que los personas que reciben esa ofrenda oren por usted.**

Ofrendar no evitará que a usted le pasen cosa malas. Vivimos en un mundo que ha caído y ofrendar generosamente no lo protege de heridas, dolores de cabeza o daños físicos. Sin embargo, Dios derrama sus bendiciones sobre los que son buenos mayordomos. Su gracia abunda en todo tiempo, para que así usted tenga todo lo necesario para enfrentarse a los desafíos de la vida. Todas las declaraciones, excepto la número 2, son promesas expresadas en el pasaje que leyó.

OFRENDE CON GRATITUD

Pablo termina diciendo: *¡Gracias a Dios por su don inefable!* (2 Cor. 9:15). El inefable regalo de Dios fue su Hijo. Quien a su vez dio el mayor regalo por usted. Él es el Dador más grande que jamás hayamos conocido. Él es responsable de todo lo que usted tiene, especialmente su salvación en Cristo.

Pero esto digo: El que siembra escasamente, también segará escasamente; y el que siembra generosamente, generosamente también segará. Cada uno dé como propuso en su corazón: no con tristeza, ni por necesidad, porque Dios ama al dador alegre (2 Corintios 9:6-7).

Y poderoso es Dios para hacer que abunde en vosotros toda gracia, a fin de que, teniendo siempre en todas las cosas todo lo suficiente, abundéis para toda buena obra; como está escrito: Repartió, dio a los pobres; su justicia permanece para siempre. Y el que da semilla al que siembra, y pan al que come, proveerá y multiplicará vuestra sementera, y aumentará los frutos de vuestra justicia, para que estéis enriquecidos en todo para toda liberalidad, la cual produce por medio de nosotros acción de gracias a Dios. Porque la administración de este servicio no solamente suple lo que a los santos falta, sino que también abunda en muchas acciones de gracias a Dios; pues por la experiencia de esta administración glorifican a Dios por la obediencia que profesáis al evangelio de Cristo, y por la liberalidad de vuestra contribución para ellos y para todos; asimismo en la oración de ellos por vosotros, a quienes aman a causa de la superabundante gracia de Dios en vosotros. ¡Gracias a Dios por su don inefable! (2 Corintios 9:8-15).

En la sesión de grupo anterior su líder le dio dinero para que ministrara a alguien en necesidad. Úselo antes de la próxima sesión de grupo. Anote cómo usó el dinero para ayudar a la persona, cómo reaccionó esta y cómo se sintió usted.

_____

_____

Lea la siguiente "Guía para ser mayordomos de Dios". Lea las Escrituras y ore para que Dios lo guíe a convertirse en un mayordomo de Él. Ore respecto a firmar la guía para que sea un pacto entre Dios y usted.

> *De Jehová es la tierra y su plenitud; el mundo, y los que en él habitan (Salmos 24:1).*
>
> *Le hiciste señorear sobre las obras de tus manos; todo lo pusiste debajo de sus pies (Salmos 8:6).*
>
> *Mi Dios, pues, suplirá todo lo que os falta conforme a sus riquezas en gloria en Cristo Jesús (Filipenses 4:19).*
>
> *Porque si primero hay la voluntad dispuesta, será acepta según lo que uno tiene, no según lo que tiene (2 Corintios 8:12).*

GUÍA PARA SER MAYORDOMOS DE DIOS

Dios estableció un pacto con la humanidad cuando creó el mundo y le dio al hombre su dominio (vea Gn. 1:26). El hombre que Él creó erró en seguir los principios básicos de la mayordomía. El resultado fue la caótica situación económica que aún prevalece.

La Biblia vuelve a declarar los principios y promesas de Dios es una sola oración: *Buscad primeramente el reino de Dios,[...] y todas las demás cosas serán añadidas* (Mt. 6:33). *Todas las demás cosas* significa las necesidades físicas que usted tiene (vea Mt. 6:19-34). Si usted pone el Reino de Dios en primer lugar, Él pondrá sus necesidades en primer lugar. Dios quiere satisfacer sus necesidades (vea Fil. 4:19). ¿Ha dejado de ser un mayordomo de Dios al ni vivir de acuerdo a sus principios? Los problemas financieros pueden ser una señal de que alguno de los principios económicos de Dios se ha violado.

Esta guía lo ayudará a comenzar o restablecer su relación de mayordomo de Dios. Escriba sus iniciales frente a cada principio de acuerdo a lo que se indique en los pasos siguientes:

Paso 1: Acepte los principios para reconocer a Dios como dueño absoluto

Escriba sus iniciales en los principios que usted acepte en estos momentos.

_____ Dios es el soberano Creador, el dueño y el soberano de todo (vea Salmos 24:1 en el margen).

_____ Dios creó al hombre para ser mayordomo y administrador de toda la creación (vea Salmos 8:6 en el margen).

_____ Dios suple todas las necesidades de quien con fidelidad administra todo lo que Dios le ha encomendado (vea Filipenses 4:19 en el margen).

_____ Dios juzgará al mayordomo de acuerdo a lo que tiene y no de acuerdo a lo que no tiene (vea 2 Corintios 8:12 en el margen).

Paso 2: Practique los principios de responsabilidad

Escriba sus iniciales en los principios que esté practicando.

_____ Glorifico a Dios con la manera en que administro las posesiones que Él me ha dado (vea 1 Corintios 10:31 en el margen; y además vea Mateo 6:33).

_____ Administro correctamente mis finanzas (vea 1 Timoteo 5:8 en el margen).

_____ Administro mis finanzas para diezmar por medio de mi iglesia (vea Malaquías 3:8-11).

_____ Doy más que el diezmo (vea 1 Corintios 16:1-2 en el margen; y además vea Proverbios 11:24-25 y Hechos 4:32-37).

_____ Contribuyo con el gobierno pagando mis impuestos (vea Lucas 20:25 y Romanos 13:1-7).

_____ Administro adecuadamente los fondos que tengo para poder cuidar de mi familia, ofrendar a la iglesia y pagar los impuestos sin estafar a alguno de ellos.

Conocer dichos principios aumenta su sentido de responsabilidad, pero ponerlos en práctica le dará la victoria. Los siguientes pasos lo ayudarán a practicar los principios de Dios y a convertirse en un verdadero mayordomo del Maestro.

Paso 3: Responda a estos principios de dependencia creyendo en la habilidad de Dios

Escriba sus iniciales en los siguientes principios a los cuales considere que puede responder con fe:

_____ Confío en que Dios bendice al justo (vea Salmos 37:3-4 y Proverbios 22:4).

_____ Confío en que Dios bendice al que ora (vea Mateo 7:7-8, Juan 15:7 y Santiago 5:16).

_____ Confío en que Dios bendice al trabajador diligente (vea Salmos 1:3, Proverbios 10:16; 11:25; 12:11; 13:4).

_____ Creo que debo limitar mis deseos a lo que Dios provee (vea Filipenses 4:11:12 y 1 Timoteo 6:6 en el margen; también vea Proverbios 15:16).

Paso 4: Invierta de acuerdo a los principios de la recompensa

Escriba sus iniciales en los principios con los cuales esté dispuesto a comprometer sus bienes.

_____ Invertiré mis bienes en la economía de Dios porque no producirán tristeza (vea Proverbios 10:22; este versículo significa que a usted no le pesará invertir en el Reino de Dios porque Él lo bendice).

_____ Invertiré mis bienes materiales como una muestra de mi fe (vea Hebreos 11:6 en el margen).

_____ Dependeré de la bendición de Dios de acuerdo a sus promesas (vea Malaquías 3:10 y Lucas 6:38).

_____ Dejaré que Dios se haga cargo del legado para mis hijos y nietos (vea Proverbios 13:22).

Si, pues, coméis o bebéis, o hacéis otra cosa, hacedlo todo para la gloria de Dios (1 Corintios 10:31).

Porque si alguno no provee para los suyos, y mayormente para los de su casa, ha negado la fé, y es peor que un incrédulo (1 Timoteo 5:8).

En cuanto a la ofrenda para los santos, haced vosotros también de la manera que ordene en las iglesias de Galacia. Cada primer día de la semana cada uno de vosotros ponga aparte algo, según haya prosperado, guardándolo, para que cuando yo llegue no se recojan entonces ofrendas (1 Corintios 16:1-2).

No lo digo porque tenga escasez, pues he aprendido a contentarme, cualquiera que sea mi situación. Sé vivir humildemente, y sé tener abundancia; en todo y por todo estoy enseñado, así para estar saciado como para tener hambre, así para tener abundancia como para padecer necesidad (Filipenses 4:11-12).

Pero gran ganancia es la piedad acompañada de contentamiento (1 Timoteo 6:6).

Pero sin fe es i posible agradar a Dios; porque es necesario que el que se acerca a Dios crea que le hay, y que es galardonador de los que le buscan (Hebreos 11:6).

GUÍA DIARIA DE COMUNIÓN CON EL MAESTRO

2 CORINTIOS 9

Qué me dijo Dios:

_____

_____

_____

_____

_____

_____

_____

_____

Qué le dije yo a Dios:

_____

_____

_____

_____

_____

_____

_____

_____

Paso 5: Cambie su modo de vivir de acuerdo a los principios de restauración

Si su modo de vivir no le permite actuar como un fiel mayordomo del Maestro, escriba sus iniciales en los siguientes pasos que debe dar para restaurar su relación con Él.

_____ Me arrepiento de no haber cumplido los principios de Dios y le pido que me restaure (vea Sal. 32:1-7 y Pr. 28:13).

_____ Comenzaré inmediatamente a practicar la mayordomía bíblica dando el diezmo y las ofrendas a través de mi iglesia, pagando los impuestos y administrando los asuntos financieros de acuerdo a las Escrituras.

_____ Eliminaré todo lo que no sea imprescindible hasta que pague las deudas que tengo (vea Pr. 22:1).

_____ Trataré de pagar las deudas a mis acreedores de la manera más justa que pueda, y tan pronto como pueda (vea Pr. 11:3 y 20:18).

_____ Trataré pacientemente de continuar ordenando mis finanzas hasta alcanzar un modo de vivir cristiano que complazca a Dios (vea Pr. 21:5; 28:6). Recordaré que salir de las dificultades económicas me llevará tanto tiempo como me llevó meterme en ellas.

Dios ha declarado sus principios y se ha comprometido a cumplirlos. Yo me comprometo a ser un mayordomo de Dios. Seré un buen administrador de todo lo que me confíe dependeré de Él para satisfacer mis necesidades.

Firma _____ Fecha _____

 El versículo para memorizar esta semana, Lucas 6:40, menciona cómo el discípulo imita al maestro. Espero que en la página 68 haya identificado cualidades de su persona que sean dignas de imitarse por otro discípulo. Trate de escribir este versículo de memoria en el margen.

Lea 2 Corintios 9 durante su devocional. Luego complete la guía diaria de comunión con el Maestro en el margen.

DÍA 3

Discipule a otros

Mientras estudiaba el material de esta semana, sin duda habrá pensado en el progreso que ha logrado como discípulo. Si vuelve a completar el inventario discipular que hizo en *Vida discipular 1: La cruz del discípulo*, podrá evaluar el progreso obtenido con vida discipular.

PREPÁRESE PARA MINISTRAR

Complete el inventario del discípulo en las páginas 133-137. Sume la puntuación de acuerdo a las instrucciones que le haya dado su líder. Compare la calificación con el inventario que hizo al finalizar el libro 1 en las páginas 139-43.

Ahora identifique en qué área necesita crecer. Debe elegir una de las cinco categorías del inventario: actitudes, conductas, relaciones, ministerio y doctrina, o tal vez escoja una conducta o característica específica en la que quiera trabajar hoy. Haga una lista aquí.

CÓMO JESÚS AYUDÓ A SUS DISCÍPULOS A CRECER

Hoy examinará cómo Jesús ayudó a sus discípulos a crecer. Usted puede usar el mismo proceso para crecer en su vida espiritual. Pruébelo con las conductas o características que ha identificado.

Durante los siguientes tres días estudiaremos los cinco principios que Jesús usó para desarrollar discípulos y para que los discípulos respondieran a dichos principios.

Y les dijo: Venid en pos de mí, y os haré pescadores de hombres. Ellos entonces, dejando al instante las redes, le siguieron (Mateo 4:19-20).

Y entrando él en la barca, sus discípulos le siguieron (Mateo 8:23).

> **PRINCIPIOS DEL DISCIPULADO**
> 1. El discipulador **da el ejemplo**; el discípulo **imita**.
> 2. El discipulador **explica**; el discípulo **experimenta**.
> 3. El discipulador **entrena**; el discípulo **aplica**.
> 4. El discipulador **apoya**; el discípulos **demuestra**.
> 5. El discipulador **comisiona**; el discípulo **representa**.

DÉ EL EJEMPLO

Jesús es el ejemplo supremo porque nos mostró al Padre. Los discípulos de Jesús tuvieron la ventaja de observar los hechos de Jesús, que podían recordar y luego aplicar en su caso.

En Mateo 4:19-20, en el margen, Jesús invitó a Pedro a seguirlo. Pedro estaba contento siguiendo a Jesús y haciendo lo que Él hacía. En Mateo 8:23 los discípulos estaban contentos de hacer lo que Jesús hacía después de un largo día enseñando y sanando. Él daba el ejemplo y ellos lo seguían.

Jesús es el ejemplo supremo porque nos mostró al Padre.

En contraste con los discípulos, nosotros dependemos de fuentes secundarias que reconstruyan el ejemplo de Jesús. Primordialmente esta información se obtiene de la Biblia y la dirección del Espíritu Santo. Su ejemplo se presenta en las Escrituras y el Espíritu Santo interpreta e ilumina como aplicar el ejemplo de Jesús a la vida.

Escriba los ejemplos que recuerde en la vida de Jesús que le demuestren el área que usted quiere mejorar.

_____

_____

El ejemplo es una ayuda particularmente útil en la enseñanza. El discipulador da el ejemplo de algo que hace, y el discípulo imita dicho ejemplo. La imitación es el primer paso para aprender a desarrollar una habilidad. Es difícil creer lo que no se puede concebir, y es difícil concebir lo que nunca se ha visto. El discipulador no solo enseña datos, habilidades y actitudes. También imparte un modo de vivir.

Cristo viviendo en otros creyentes es otra fuente del discipulado. Mientras que siguen a Cristo se convierten en ejemplos que usted puede imitar.

Escriba los nombres de dos o tres personas que tienen la conducta o características que usted desea para su vida. Piense cómo puede aprender a imitar el carácter que continuamente demuestran.

_____

El discipulador no solo muestra datos, habilidades y actitudes, también enseña un modo de vivir.

Cuando la palabra, el Espíritu y el ejemplo le dan un mensaje coherente, usted sentirá un fuerte ímpetu para crecer.

 El versículo bíblico para memorizar esta semana, Lucas 6:40, destaca el papel de dar el ejemplo a su discípulo. Para memorizarlo, dígaselo a algún miembro de su familia o amigo cercano.

Repase los versículos que memorizo las semanas anteriores.

EXPLIQUE

Dar el ejemplo no es suficiente, necesita explicación. Por ejemplo: usted puede vivir una buena vida cristiana, pero si no explica que está viviendo es vida por la gracia y el poder de Dios, un observador puede pensar que se debe a su educación o herencia. Jesús explicó los ejemplos que daba para que sus discípulos no lo malinterpretaran. Él quería que ellos supieran que todo lo que les enseñaba y la razón por la cual se los enseñaba, venia de Dios. Lea Juan 17:7 en el margen.

Ahora han conocido que todas las cosas que me has dado, proceden de ti (Juan 17:7).

Pídale a la persona que le sirve de ejemplo para imitar determinada conducta o característica, que le explique cómo lo hace.

La respuesta a dicha explicación debe practicarse. Experimentarla le permitirá aplicar la explicación del discípulo a su vida.

Escriba una o más maneras de experimentar dicha conducta o característica que desea desarrollar.

_____

UNA MISIÓN CON EL MAESTRO

Al comenzar esta semana estudió las características de un discípulo espiritual. ¿Cómo sigue su crecimiento espiritual de acuerdo a la ilustración del Maestro Constructor? Cuando se atiende a un discípulo, tanto el discipulador como el discípulo tienen responsabilidades.

 ¿Qué tareas tienen un discípulo espiritual y un discipulador en la etapa del discípulo espiritual del Maestro Constructor? Si no puede recordarlas, repase la presentación en las páginas 123-127.

Discípulo: _____

Discipulador: _____

Como discipulador usted debe ser capaz de enseñar a los discípulos espirituales, su meta principal debe ser darles los recursos necesarios para que ellos lleguen a ser responsables de su propio crecimiento. Usted quiere que ellos descubran la manera de alimentarse por sí mismos y de llevar mucho fruto. Usted no puede hacer que ellos crezcan, pero puede crear oportunidades para que las personas crezcan.

La meta de un discípulo espiritual es madurar espiritualmente. Al final de esta etapa podrá llevar fruto y vivir una vida santa. Durante esta etapa se desarrolla el carácter, y la vida espiritual se edifica con los materiales adecuados (vea 1 Corintios 3:16). En la etapa del discípulo espiritual, el discípulo y el discipulador tienen cada uno el 50% de la responsabilidad para que el discípulo crezca.

 Ore para tener un corazón de siervo.

 Hoy lea 1 Corintios 3:1-15 durante su devocional. Luego complete la guía diaria de comunión con el Maestro en el margen.

GUÍA DIARIA DE COMUNIÓN CON EL MAESTRO

1 CORINTIOS 3:1-15

Qué me dijo Dios:

_____

_____

_____

_____

_____

_____

_____

Qué le dije yo a Dios:

_____

_____

_____

_____

_____

_____

_____

_____

DÍA 4

❦

Entrene y apoye

Hoy continuará aprendiendo los cinco principios que Jesús usó para desarrollar discípulos:

PRINCIPIOS DEL DISCIPULADO
1. El discipulador **da el ejemplo**; el discípulo **imita**.
2. El discipulador **explica**; el discípulo **experimenta**.
3. El discipulador **entrena**; el discípulo **aplica**.
4. El discipulador **apoya**; el discípulos **demuestra**.
5. El discipulador **comisiona**; el discípulo **representa**.

El discipulador ayuda a los discípulos a vivir un modo de vida que ya ha aprendido.

ENTRENAR

Por medio del entrenamiento, un discipulador ayuda a los discípulos a hacer algo de una manera diferente. El discipulador guía a los discípulos a encontrar su propio camino para obtener un estilo de vida apropiado El discipulador debe saber cuándo debe dejar que las personas actúen solas o cuándo debe intervenir.

El discipulador ayuda a los discípulos a vivir un modo de vida que ya él conoce. Piense en los aprendices que la gente usó en el pasado para enseñar un oficio. Cuando el aprendiz había aprendido todo lo que podía de su maestro, entonces podía trabajar solo. El mundo moderno usa este modelo, al que se le llama la relación entre un mentor y su aprendiz.

La respuesta del discípulo al entrenamiento es la aplicación. La persona realiza la tarea mientras se le entrena de manera que el discipulador pueda observarlo. Entonces el discipulador alienta al discípulo o le dice cómo mejorar. Los discípulos aprendieron porque las enseñanzas de Jesús eran parte de su vida. Jesús les enseño de diferentes maneras involucrando todos los sentidos. El discípulo habrá aprendido la verdad cuando esta sea parte de su modo de vivir.

Cuando quise entrenar a uno de mis amigos para testificar, lo invité para que me acompañara y me observara. Después de observarme en varias ocasiones, él comenzó a imitar lo que me vio hacer. Él no imitó de una sola vez todo lo que hice, pero gradualmente fue aprendiendo.

El discípulo aprende una verdad cuando esta se vuelve parte de su modo de vivir.

Dar el ejemplo es importante porque la motivación para testificar se absorbe mejor por observación que por enseñanza. Antes de ir a ver a un inconverso, le expliqué a mi discípulo qué estaba haciendo y también qué esperaba que hiciera la persona y lo que yo haría. Después de la visita, le expliqué lo que hoce y por qué cambié lo planeado cuando la persona no respondió como yo esperaba. Mi amigo comenzó a experimentar solo. Le pedí que diese su testimonio personal en el momento en que, generalmente, yo daba mi testimonio. Lo entrené y él aplicó lo que había aprendido ante las diferentes situaciones.

Piense en alguna persona que lo pueda entrenar para aprender una determinada conducta o característica que quiera incorporar a su vida. Escriba en el margen las iniciales de esa persona. Pídale a la persona que lo entrene en esa área de su crecimiento.

APOYE

Apoye a la persona que discipula a medida que el demuestra la conducta o característica deseada. Bernabé apoyó a Pablo acompañándolo y enseñándolo hasta que Pablo llegó a tener una fe madura, de la misma manera, Jesús apoyó a sus discípulos orando por ellos, enseñándoles y exhortándolos cuando era necesario, y permitiéndoles que observaran su ministerio en situaciones diferentes.

TESTIFIQUE PARA EL MAESTRO

 Usted aprendió la presentación El evangelio en la mano para usar con personas inconversas. "Cómo guiar a alguien a comprometerse", le enseñará a concluir el testimonio

> **Apoye a la persona que entrena a medida que desarrolla la conducta o característica deseada.**

CÓMO GUIAR A ALGUIEN A COMPROMETERSE

La presentación del evangelio no está completa a menos que nuestro oyente se enfrente al desafío de aceptar a Cristo. Haga un esfuerzo deliberado para llevar a una persona inconversa a tomar dicha decisión.

¿Por qué guiar a comprometerse?

1. *Es bíblico.* Jesús hizo este tipo de invitación a las personas (vea Mateo 4:19;9:9 y Juan 1:43:49).
2. *Es lógico.* Las buenas noticias de Jesús es una oferta de salvación, perdón de pecado y eterna comunión con Dios por medio de la obra salvadora de su Hijo, Jesús. Esta oferta debe llevar a la persona a tomar una decisión con respecto al mensaje que ha escuchado. Si el mensaje no alienta a la persona a aceptar a Cristo, entonces está incompleto.
3. *Es práctico.*
   a. La predicación del evangelio y la invitación para que una persona acepte a Cristo no debe limitarse al edificio que constituye la iglesia. Dios quiere que los creyentes lleven el evangelio y hagan dicha invitación a quienes están en el mundo, y no esperar a que le mundo venga a la iglesia.
   b. Presentar el evangelio sin darle la oportunidad al oyente para que haga una decisión de fe, frustra a las personas que oyen el evangelio. Puede reforzar el hábito de la persona de postergar esta decisión importante y hacer que su corazón se endurezca más.
   c. Por naturaleza, las personas son lentas en el aspecto espiritual. Necesitan aliento para responder a la oferta del evangelio (vea 2 Corintios 5:11 en el margen).

> *Conociendo, pues, el temor del Señor, persuadimos a los hombres; pero a Dios le es manifiesto lo que somos; y espero que también lo sea a vuestra conciencias (2 Corintios 5:11).*

El testigo debe explicar con claridad lo que debe hacer la persona inconversa para aceptar a Cristo como su Salvador.

Responda a las preguntas o excusas honesta, abierta y positivamente.

Guiar para comprometerse

Ofrecer una invitación personal debe considerarse cuidadosamente. El testigo debe saber exactamente lo que él o ella va a decir cuando está pidiendo que se haga una decisión de fe. Hasta debe memorizar las palabras que va a decir. Tal vez esto parezca estricto, pero por lo general hay cierta tensión en el momento que a una persona se le pide que acepte a Cristo. A menudo el testigo se pone nervioso, y el inconverso sabe que está enfrentándose a una decisión de trascendencia eterna. El testigo debe explicar con claridad lo que debe hacer la persona inconversa para aceptar a Cristo como su Salvador. Inmediatamente después de la presentación del evangelio, haga las siguientes preguntas:

1. *¿Esto tiene sentido para usted?* Esta pregunta probará si la persona comprendió la presentación del evangelio. También es una pregunta de transición que lo llevará a que el oyente responda.
   a. Si la respuesta es afirmativa, siga con la siguiente pregunta.
   b. Si la pregunta es no, repase brevemente los puntos principales de la presentación del evangelio. A medida que lo haga, pregunte: ¿Entiende este punto? Una respuesta negativa como esta: "No estoy segura" o "Eso es muy complicado, tendría que pensarlo" podría indicar falta de interés, convicción o entendimiento. Responda la pregunta con honestidad.

2. *¿Hay alguna razón por la cual usted no quiere recibir el regalo gratuito que Dios le ofrece?* Esta pregunta negativa sobre la decisión de fe se dirige a la voluntad de la persona para recibir la salvación que Dios ofrece. La pregunta apela a la voluntad de la persona. En su presentación del evangelio usted habló de aceptar el regalo gratuito de Dios, arrepentirse del pecado, y depositar la fe en Jesús, así que no es la primera vez que esta persona oye estas frases. Repito, si la persona aún tiene preguntas o excusas responda a las preguntas o excusas honesta, abierta y positivamente.

3. *¿Está dispuesto a arrepentirse de sus pecados y depositar su fe en Cristo ahora?* Esta es una pregunta afirmativa para una decisión de fe. Sin el inconverso acepta, dígale lo siguiente: "Así es como lo haremos: oraremos. Primero yo voy a orar y cuando yo termine usted orará. Dígale a Dios, con sus palabras, lo que hemos dicho. Recuerde las tres cosas que usted necesita para recibir la vida eterna. Dígaselo a Dios, con sus palabras, lo que hemos dicho. Recuerde las tres cosas que usted necesita para recibir la vida eterna. Dígaselo a Dios así:
   a. Dios, soy pecador, he hecho lo malo delate de ti. Te pido perdón y me arrepiento de mis pecados.
   b. Confieso a tu Hijo, Jesucristo, como mi Señor y Salvador. Confío en su sacrificio en la cruz para pagar por mis pecados.
   c. En este momento recibo a Jesucristo y el regalo de la vida eterna que me ofrece. Te doy gracias por salvarme. Amén.
   Si no puede recordar estas tres cosas, "yo lo guiaré en la oración y usted puede orar repitiendo lo que yo diga".

Qué hacer cuando responden que no

Por lo general, el proceso de llevar una persona a tomar una decisión es complejo. La mente humana muy a menudo racionaliza a tal punto que la persona no llega a comprender todo lo que pasa por su propia mente. Algunas veces las personas le dicen que no a Cristo, pero en realidad ese no cubre el deseo de decir que sí. En una situación así, el testigo debe ser muy sensible a la dirección del Espíritu Santo. Frecuentemente, el testigo puede ayudar a la persona inconversa a razonar dicho proceso. Tal vez, después de unos minutos, necesite cambiar la forma de llegar a la persona. Por ejemplo, recuérdele a los padres de familia que esta decisión también afectará la vida de los hijos. Otra forma sería decirle a la persona que Jesús le da sentido a nuestra vida, paz en momentos de crisis o ayuda para resolver los conflictos del hogar.

Determine la extensión de este segundo intento siempre bajo la dirección del Espíritu Santo. Nunca sea rudo ni tampoco imponga a la integridad del inconverso el deseo suyo de que éste acepte a Cristo. Pero no deje de pedir una decisión. Quizás ese esfuerzo extra es lo que la persona necesite.

Cuando usted esté convencido de que el inconverso está decidido a no aceptar a Cristo, le ayudará hacer lo siguiente:

1. Tenga en su Biblia la lista de las personas por quienes ora. Mire la lista y dígale: "Creo que llegará la hora en que usted querrá aceptar a Cristo. quiero que sepa que realmente estoy interesado en esto. ¿Quisiera firmar mi lista de oración? Le prometo que cada vez que repase los nombres oraré para que Dios lo ayude a tomar esta decisión tan importante".
2. Déjele un tratado con la presentación del evangelio y aliéntelo a leerlo esa misma noche. Recuérdele a la persona que puede aceptar a Cristo en cualquier momento y lugar. Dígale: "Si usted acepta a Cristo, por favor llámeme tan pronto como sea posible. Mi nombre y teléfono están escritos en el tratado".
3. Concluya con una oración. Agradézcale a Dios la oportunidad que ha tenido. Exprese su agradecimiento por el tiempo que la persona inconversa le dedicó. Váyase con una actitud de agradecimiento.[4]

 Explique a alguien, con sus palabras, "Cómo guiar a alguien a comprometerse".

 Dedíquele un tiempo, a algún familiar o amigo cercano, para hacer algo que le guste a esa persona. Si no tiene cerca a un familiar, escoja un amigo para esta actividad.

 Lea Hechos 26:1-23 durante su devocional. Luego complete la guía diaria de comunión con el Maestro en el margen.

GUÍA DIARIA DE COMUNIÓN CON EL MAESTRO

HECHOS 26:1-23

Qué me dijo Dios:

_____

_____

_____

_____

_____

_____

_____

Qué le dije yo a Dios:

_____

_____

_____

_____

_____

_____

_____

Había entonces en la iglesia que estaban en Antioquía, profetas y maestros: Bernabé, Simón el que se llamaba Níger, Lucio de Cirene, Manaén el que se había criado junto con Herodes el tetrarca, y Saulo. Ministrando éstos al Señor, y ayunando, dijo el Espíritu Santo: Apartadme a Bernabé y a Saulo para la obra a que los he llamado. Entonces, habiendo ayunado y orado, les impusieron las manos y los despidieron (Hechos 13:1-3).

Volvió a decirle la segunda vez: Simón, hijo de Jonás, ¿me amas? Pedro le respondió: Sí, Señor; tú sabes que te amo. Le dijo: Pastorea mis ovejas. Le dijo la tercera vez: Simón, hijo de Jonás, ¿me amas? Pedro se entristeció de que le dijese la tercera vez: ¿Me amas? Y le respondió: Señor, tú lo sabes todo; tú sabes que te amo. Jesús le dijo: Apacienta mis ovejas (Juan 21:16-17).

Pero recibiréis poder, cuando haya venido sobre vosotros el Espíritu Santo, y me seréis testigos en Jerusalén, en toda Judea, en Samaria, y hasta lo último de la tierra (Hechos 1:8).

DÍA 5

Alguien que lo aliente

Hoy estudiará el último de los cinco principios que Jesús usó para desarrollar discípulos:

PRINCIPIOS DEL DISCIPULADO
1. El discipulador **da el ejemplo**; el discípulo **imita**.
2. El discipulador **explica**; el discípulo **experimenta**.
3. El discipulador **entrena**; el discípulo **aplica**.
4. El discipulador **apoya**; el discípulos **demuestra**.
5. El discipulador **comisiona**; el discípulo **representa**.

Este último principio es muy importante. Las personas a las que usted discipula deben creer que tienen responsabilidades específicas como discípulos de Cristo, tanto como a alguien que los apoya y cree en ellos.

COMISIONAR
Una razón por la cual los creyentes no realizan los ministerios que Dios les ha dado es que no han sido encomendados. Las personas que se capacitaron necesitan tener un individuo o grupo para convalidar dichos ministerios.

En esta etapa, la persona conoce la habilidad o conducta a tal grado que él o ella representa la verdad. Esta persona es un ejemplo para los demás. En esta ya la persona da el ejemplo de una conducta o hábitos que los demás discípulos imitarán, comenzando así otro ciclo en el discipulado.

Lea los pasajes del margen. De acuerdo a Hechos 13:1-3 ¿cómo la iglesia comisionó a Bernabé y a Saulo?

_____

Según Juan 21:16-17 y a Hechos 1:8, ¿cómo Jesús comisionó a Pedro?

_____

La iglesia comisionó a Bernabé y Saúl apoyándolos con el compromiso de ayunar y orar por el ministerio para el cual habían sido llamados. Jesús comisionó a Pedro dándole una tarea y fortaleciéndolo.

Cuando usted valora los ministerios que otros tienen, les hace saber que usted está al lado de ellos, y comparte su entusiasmo y los apoya en oración. Así usted se convierte en un compañero a quien se debe rendir cuentas, alguien en quien ellos saben que pueden confiar la calidad y perseverancia de sus ministerios.

Para repasar, escriba los cinco principios que Jesús usó para desarrollar a sus discípulos y la respuesta del discípulo a cada uno de ellos.

1. _____

2. _____

3. _____

4. _____

5. _____

Ayude a alguien que esté discipulando a hacer un plan para su crecimiento espiritual. Repase con esta persona los principios del discipulado que ha estudiado esta semana. Ofrézcase a trabajar como mentor.

El versículo para memorizar esta semana, Lucas 6:40, nos recuerda la importancia de tener una buena capacitación. Trate de decir el versículo de memoria. Escriba cómo este versículo le habla a usted personalmente en su papel de discípulo multiplicador.

PREPÁRESE PARA MINISTRAR

Ya usted aprendió la presentación de El evangelio en la mano. Trate de explicarle esto a una persona inconversa. Quizás quiera invitar a alguien que le haya servido de ejemplo para que lo acompañe.

Lea Hechos 13:1-12 en su devocional. Luego complete la guía diaria de comunión con el Maestro en el margen.

¿QUÉ EXPERIENCIA TUVO ESTA SEMANA?

Repase la sección "Mi andar con el Maestro en esta semana" al comienzo del material para esta semana. Marque las actividades que haya completado con una línea vertical en el diamante. Termine toda actividad incompleta. Piense qué dirá durante la sesión de grupo acerca de su trabajo en tales actividades.

1. Estadísticas de la Junta de Misiones Internacionales.
2. Ibid.
3. Ibid.
4. Adaptado de *Continuing Witness Training*, Junta de Misiones Norteamericanas de la Convención Bautista del Sur, Alpharetta, Ga., Usabdo con permiso.

GUÍA DIARIA DE COMUNIÓN CON EL MAESTRO

HECHOS 13:1-12

Qué me dijo Dios:

_____

_____

_____

_____

_____

_____

_____

Qué le dije yo a Dios:

_____

_____

_____

_____

_____

_____

_____

SEMANA 5

Formación de discípulos

La meta de esta semana

Usted podrá ayudar a otros creyentes a desarrollarse como discípulos de Cristo.

Mi andar con el Maestro en esta semana

Completará las siguientes actividades para desarrollar las seis disciplinas bíblicas. Cuando haya completado cada actividad trace una línea vertical en el diamante.

DEDICARLE TIEMPO AL MAESTRO
◇ Tenga un tiempo devocional cada día. Marque los días en que tenga su devocional:
❑ Domingo ❑ Lunes ❑ Martes ❑ Miércoles ❑ Jueves ❑ Viernes ❑ Sábado

VIVIR EN LA PALABRA
◇ Lea su Biblia diariamente. Escriba qué le dice Dios y qué usted le dice a Él.
◇ Memorice 2 Crónicas 16:9.
◇ Repase Lucas 6:40, Mateo 5:23-24, Romanos 6:23, y 1 Pedro 2:2-3.

ORAR CON FE
◇ Ore cada día por personas dedicadas a diferentes ministerios.
◇ Ore por las personas a quienes usted discipula.
◇ Comience a orar por el próximo "Taller de dones espirituales".

TENER COMUNIÓN CON LOS CREYENTES
◇ Lea la sección titulada "Cómo realizar el culto familiar"
◇ Celebre un culto familiar con su familia. Si no tiene familia, celébrelo con otra persona durante una semana.
◇ Comprométase a apoyar a alguien en su iglesia.

TESTIFICAR AL MUNDO
◇ Testifique de su fe a una persona inconversa.

MINISTRAR A OTROS
◇ Lea la sección titulada "Cómo formar a alguien con nuestra experiencia"
◇ Aprenda las características del discipulador que se indican en la presentación del Maestro Constructor.
◇ Lea "Cómo preparar un mensaje con un estudio bíblico".

Versículo para memorizar esta semana

Porque los ojos Jehová contemplan toda la tierra, para mostrar su poder a favor de los que tienen corazón perfecto para con él (2 Crónicas 16:9).

DÍA 1

Ejemplifique la dependencia en Cristo

Cuando mi abuela tenía 89 años, recuerdo que un día le pregunté cuántos descendientes tenía. "62", me respondió rápidamente. En broma le pregunté: "¡Bueno! ¿Y cómo fue que los criaste a todos?" Me contestó: "Gracias al cielo, yo no los crié a todos. Sólo crié a 6 de ellos". "¿Y qué de los demás?", pregunté. "Muy fácil, ayudé un poco con algunos de los 19 nietos; ayudé un poco contigo, pero no hice mucho con los 35 bisnietos ni con los 2 tataranietos. De ellos se ocuparon sus padres".

En estos últimos años se multiplicaron sus tataranietos ¡y han llegado a nacerle tátara-tataranietos! Todo comenzó con mis abuelos, cuando criaron correctamente a sus hijos al transmitirles las verdades de Dios. Lo mismo ocurrió con Timoteo. Lea 2 Timoteo 1:5 en el margen.

La semana pasada usted aprendió a desarrollarse como discípulo espiritual. El próximo paso en la senda del crecimiento espiritual es constituirse en discipulador. En el estudio de esa semana aprenderá a discipular a otros. Al finalizar esta semana usted podrá:
- nombrar los tres principios de la multiplicación discipular;
- identificar su fuente de poder para discipular;
- enumerar las tareas del discípulo multiplicador;
- nombrar cinco recursos para discipular a otros;
- explicar dos maneras en que un discípulo multiplicador transmite las verdades a otros;
- explicar tres maneras en que un discípulo multiplicador puede servir en tiempos y lugares adversos.

LA NECESIDAD DE DISCIPULAR A OTROS
El fundamento de la gran comisión se concentra se concentra en multiplicar discípulos. El único mandamiento de Mateo 28:19 es "hacer discípulos". Ir, bautizar y enseñar son partes de tal mandamiento. Tal vez usted obedezca al ir, bautizar y enseñar, pero si usted no discipula a otros para que, a su vez, enseñen a los demás, su rendimientos se habrá agotado en una generación.

Usted ya estudió los principios que usó Jesús para capacitar a los discípulos con el fin de que sigamos el ejemplo. Asimismo necesita saber por qué es importante que usted discipule a otros.

Los pasajes bíblicos del margen proporcionan razones importantes para capacitar a otros discípulos. Relacione las citas de dichos pasajes con las razones que cada versículo menciona para discipular.

____ 1. Mateo 5:1-2   **a. Jesús mandó que usted haga eso.**

____ 2. 2 Timoteo 2:2   **b. Pablo enseñaba a otros con su ejemplo y palabras.**

____ 3. Hechos 2:37-38   **c. Los discípulos capacitaban a otros.**

____ 4. Mateo 28:19-20   **d. Jesús enseñaba a sus discípulos.**

Trayendo a la memoria la fe no fingida que hay en ti, la cual habitó primero en tu abuela Loida, y en tu madre Eunice, y estoy seguro que en ti también (2 Timoteo 1:5).

Viendo la multitud, subió al monte; y sentándose, vinieron a él sus discípulos. Y abriendo su boca les enseñaba [....] (Mateo 5:1-2).

Lo que has oído de mí ante muchos testigos, esto encargan a hombres fieles que sean idóneos para enseñar también a otros (2 Timoteo 2:2).

Al oír esto, se compungieron de corazón, y dijeron a Pedro y a los otros apóstoles: Varones hermanos, ¿qué haremos? Pedro les dijo: Arrepentíos, y bautícese cada uno de vosotros en el nombre de Jesucristo para perdón de los pecados; y recibiréis el don del Espíritu Santo (Hechos 2:37-38).

Por tanto, id, y haced discípulos a todas las naciones, bautizándolos en el nombre del Padre, y del Hijo, y del Espíritu Santo; enseñándoles que guarden todas las cosas que os he mandado; y he aquí yo estoy con vosotros todos los días, hasta el fin del mundo (Mateo 28:19-20).

Usted necesita capacitar a otros en el discipulado porque Jesús hizo discípulos y los mandó a hacer lo mismo. Los discípulos que Cristo hizo siguieron adelante con valentía y enseñaron a otros. Las respuestas correctas son: 1.d, 2.b, 3.c, 4.a. Además de tales razones, uno se perfecciona como discípulo de Cristo cuando enseña a otros. A medida que prepara, explica, modela y anima a otros discípulos, su fe se fortalece. A menudo usted aprende tanto o más que sus alumnos.

Tal vez crea que todavía no está listo para discipular a alguien. Pero si ha llegado hasta esta etapa de Vida discipular, las personas están notando los cambios en su vida. A algunos les gustaría experimentar lo que usted tiene.

CÓMO SER UN DISCÍPULO MULTIPLICADOR

Los principios del discipulado que estudiará esta semana se basan en 2 Timoteo 2:1-3 (en el margen). Estos principios le proporcionarán un medio para multiplicar discípulos en lugar de simplemente agregar miembros a su iglesia que jamás crecerán en su fe.

Tú, pues, hijo mío, esfuérzate en la gracia que es un Cristo Jesús. Lo que has oído de mí ante muchos testigo, esto encarga a hombres fieles que sean idóneos para enseñar también a otros. Tú, pues, sufre penalidades como buen soldado de Jesucristo (2 Timoteo 2:1-3).

PRINCIPIOS PARA MULTIPLICAR DISCÍPULOS
1. **Sea un buen ejemplo de Jesucristo.**
2. Encomiende las verdades bíblicas a discípulos confiables.
3. Ministre para Cristo incluso en tiempos y lugares adversos.

El secreto que radica en tales principios constituye un medio estratégico que Cristo ha planeado para que se predique el evangelio en todo el mundo antes de que éste llegue a su fin. Dicho secreto es la multiplicación. Si un discípulo capacita a otro discípulo para que a su vez éste capacite a otro, etc., la ecuación cambia de la suma a la multiplicación. En lugar de 1 más 1 más 1, 2 se vuelve 4, luego 8, luego 16, y así sucesivamente. Si cada número se duplica sólo 33 veces, ¡el total supera los 8.159.000.000! Eso es más que la actual población mundial.

Si testifico fielmente, pero no enseño a testificar a quienes gano para el Señor, estoy en el método de 1 + 1. Sin embargo, si a cada creyente lo enseño a testificar, a ser discípulo y a discipular, entonces me constituyo en un discípulo multiplicador.

Hoy comenzará a estudiar el primer principio de la multiplicación que aparece en letras negrillas en el cuadrado anterior.

Retén la forma de las sanas palabras que de mí oíste, en la fe y amor que es en Cristo Jesús. Guarda el buen depósito por el Espíritu Santo que mora en nosotros. Ya sabes esto, que me abandonaron todos los que están en Asia, de los cuales son Figelo y Hermógenes. Tenga el Señor misericordia de la casa de Onesíforo, porque muchas veces me confortó, y no se avergonzó de mis cadenas (2 Timoteo 1:13-16).

SEA UN BUEN EJEMPLO DE JESUCRISTO

Las primeras palabras de Pablo en 2 Timoteo 2 son: Tú, pues, hijo mío. La palabra *pues* se refiere al capítulo 1, en el cual Pablo dio ejemplos de dos discípulos ineptos y uno bueno.

En 2 Timoteo 1:13-16, que aparece en el margen, dibuje una línea debajo del nombre del discípulo eficiente y dos líneas debajo de los nombres de los ineptos.

En este pasaje, Pablo le recuerda a Timoteo que él mismo era un ejemplo para el joven, como lo era Onesíforo, en tanto que Figelo y Hermógenes habían abandonado la causa cristiana.

Pocos de nosotros podemos superar a quienes nos dieron el ejemplo. Pablo señaló a Cristo como ejemplo por excelencia, pero afirmó que él mismo había sido un ejemplo fiel para Timoteo lo imitara. Es necesario ver una verdad puesta en práctica antes de poder imitarla. Ser un ejemplo es el factor más importante de la multiplicación de discípulos.

¿Quiénes fueron ejemplos cristianos al discipularlo a usted? Escriba sus nombres o iniciales a continuación.

_____

_____

 Quizás algunas de las personas cuyos nombres anotó sirvan al Señor en diversos ministerios. Cada día de esta semana, ore por personas dedicadas a diferentes ministerios. Asimismo ore por quienes fueron ejemplos que usted imitó.

El primer mandato de Pablo a Timoteo en el capítulo 2 fue *esfuérzate en la gracia que es en Cristo Jesús* (2 Timoteo 2:1). La palabra "esfuérzate" está en modo imperativo, porque es un mandato. Está en tiempo presente, porque es una realidad permanente. Una buena traducción sería "continúa sacando fuerzas de la gracia de Cristo Jesús". Jesús dijo *el que permanece en mí, y yo en él, éste lleva mucho fruto; porque separados de mí nada podéis hacer* (Juan 15:5).

¿Cuál es el secreto para esforzarse como discípulo?

_____

Usted puede ser un discípulo solamente en virtud de la gracia de Cristo. El secreto de la vida de un discípulo es vivir en Cristo y permitirle a Él que viva en usted para cumplir su voluntad.

Lea 2 Timoteo 1:6-7 en el margen. ¿Cómo preparó Dios a Timoteo?

_____

El don de Dios es el Espíritu Santo que moraba en Timoteo. Pablo instó a Timoteo a avivar el don de Dios, que se le había concedido cuando Pablo le impuso las manos. En el versículo 7 Pablo agregó que Dios no nos dio un espíritu de temor, sino de poder, amor y dominio propio. Los discípulos llenos del Espíritu Santo pueden mostrar más por medio de su ejemplo que con sus palabras.

Ser un buen ejemplo es el factor más importante para la multiplicación de discípulos.

Por lo cual te aconsejo que avives el fuego del don de Dios que está en ti por la imposición de mis manos. Porque no nos ha dado Dios espíritu de cobardía, sino de poder, de amor y de dominio propio (2 Timoteo 1:6-7).

UNA MISIÓN CON EL MAESTRO

 Lea la presentación del Maestro Constructor en las páginas 123-127, prestando especial atención a las enseñanzas sobre el discípulo multiplicador. Esta semana podrá dibujar el diagrama del Maestro Constructor y explicarlo con sus palabras.

La Biblia menciona varias tareas que cumple un discípulo multiplicador.

Lea los versículos que aparecen en el margen. Luego asocie las citas que aparecen a continuación con los conceptos que describen lo que hace un discípulo multiplicador.

Porque las palabras que me diste, les he dado; y ellos las recibieron, y han conocido verdaderamente que salí de ti, y han creído que tú me enviaste (Juan 17:8).

Yo ruego por ellos; no ruego pro el mundo, sino por los que me diste; porque son tuyos (Juan 17:9).

Cuando estaba con ellos en el mundo, yo los guardaba en tu nombre; a los que me diste, yo los guardé, y ninguno de ellos se perdió, sino el hijo de perdición, para que la Escritura se cumpliese (Juan 17:12).

Mas no ruego solamente por estos, sino también por los que han de creer en mí por la palabra de ellos (Juan 17:20).

Volvió a decirle la segunda vez: Simón, hijo de Jonás, ¿me amas? Pedro le respondió: Sí, Señor; tú sabes que te amo. Le dijo: Pastorea mis ovejas (Juan 21:16).

___ 1. Juan 17:8   a. Ora por ellos
___ 2. Juan 17:9   b. Los cuida
___ 3. Juan 17:12   c. Los protege
___ 4. Juan 17:20   d. Les da la Palabra de Dios
___ 5. Juan 21:16   e. Ora por los discípulos de ellos

Estos pasajes brindan ejemplos de cómo Cristo preparaba a sus discípulos para que formaran a otros discípulos. Él se preocupaba por capacitarlos, preparándolos para que hicieran más discípulos que proclamaran el evangelio. Las respuestas correctas son 1.d, 2.a, 3.c, 4.e, 5.b.

 Cuando discipula a otros creyentes, ¿cumple las cinco tareas que aprendió? Pídale al Señor que le revele qué necesita mejorar. Ore por las personas que usted está discipulando.

 En la página 84 lea el versículo para memorizar esta semana, 2 Crónica 16:9. ¿Por qué piensa que eso es importante para quien desea ser un discípulo multiplicador?

_____

Durante su estudio de *Vida Discipular* lo hemos animado a mantener un devocional diario completando la Guía diaria de comunión con el Maestro que se encuentra en el material de cada día. Después de este estudio le recomendamos que continúe practicando la disciplina de seguir dedicándole tiempo al Maestro. Le recomendamos que mantenga un diario para anotar qué le dice Dios a usted y qué usted le dice a Dios. Una buena opción es usar el libro *En la presencia de Dios*[1] de T.W. Hunt. Este es un estudio de seis semanas de duración con lecturas bíblicas y versículos para memorizar presentado de forma interactiva con espacio para anotar sus experiencias durante su tiempo devocional. El autor es un verdadero hombre de oración. Para las dos semanas restantes de este estudio, no se incluirá la Guía diaria de comunión con el Maestro. En su lugar, comience a usar un diario. Hoy lea 2 Timoteo 1 durante su devocional. Luego escriba las notas en su diario.

DÍA 2

Recursos para discipular

Ayer estudió la importancia de constituirse en un ejemplo de Jesucristo y confiar en su poder mientras usted multiplica a los discípulos. Hoy estudiará cinco recursos importantes para discipular a otros.

LA ORACIÓN

La oración es esencial para un discípulo. En 2 Timoteo 1:3 (en el margen), Pablo nos dio el ejemplo al orar por Timoteo día y noche. Las oraciones de otros se unen a las suyas, fortaleciendo así al discípulo.

Nombre a quienes lo apoyan en oración mientras usted discipula a otros.

_____

Doy gracias a Dios, al cual sirvo desde mis mayores con limpia conciencia, de que sin cesar me acuerdo de ti en mis oraciones noche y día (2 Timoteo 1:3).

EL TESTIMONIO

Mientras multiplica discípulos, viva y dé su testimonio. En 2 Timoteo 1:8, Pablo escribió acerca de su propio ejemplo al testificar de Cristo. Pablo instó a Timoteo a seguir dicho ejemplo y no avergonzarse de testificar de nuestro Señor. El único modo de producir ganadores de almas es demostrar con el ejemplo cómo testificar en la vida diaria.

En 2 Timoteo 1:8 (en el margen), subraye las fuentes de su talento para testificar.

Testifique de su fe a una persona inconversa. Lleve a un hermano en la fe que no testifica a menudo y por consiguiente se puede beneficiar oyendo cómo lo hace usted.

Por tanto, no te avergüences de dar testimonio de nuestro Señor, ni de mí, preso suyo, sino participa de las aflicciones por el evangelio según el poder de Dios (2 Timoteo 1:8).

LA COMUNIÓN

Asegúrese de discipular en el contexto de la comunión de los creyentes. Ningún discípulo debe tener un solo consejero. Además de Pablo, la madre y la abuela de Timoteo enseñaron y respaldaron a Timoteo. Cuando usted desatiende su responsabilidad ante el cuerpo de Cristo, fácilmente puede convertirse en su propio centro de interés, en lugar de obedecer al Espíritu Santo.

Marque cómo la comunión de los creyentes lo apoyan:
❑ **Oran por mí**
❑ **Me animan a testificar**
❑ **Contribuyen a prepararme para ministrar a otros**
❑ **Me hacen rendir cuentas de mi crecimiento espiritual**
❑ **Cuando el mundo me maltrata, ellos me ayudan a definirme y me respaldan**
❑ **Otros:** _____

Comprométase a apoyar a alguien en su iglesia de uno de los modos enumerados anteriormente. ¿A quién respaldará?

¿Cómo apoyará a esta/s persona/s?

LA PALABRA

En 2 Timoteo 1:13-14, que aparece en el margen, Pablo le dijo a Timoteo que confiara en las verdades encomendadas a él por el Espíritu Santo. Todo lo que hace un discípulo debe basarse en la Palabra de Dios. Jesús dijo: *Si vosotros permaneciereis en mi palabra, seréis verdaderamente mis discípulos* (Juan 8:31). Un discípulo diariamente debe dedicar tiempo a la lectura, al estudio, la memorización, la meditación y la aplicación de la Palabra de Dios.

En la última oración del párrafo anterior, dibuje una estrella encima del aspecto de la vida según la Palabra de Dios al cual necesite dedicarse más.

EL MINISTERIO

Un discipulador eficiente ministra a los demás. Ponga su fe en práctica y ministre a los necesitados que lo rodean. Pablo describió a Onesíforo como esa clase de siervo. Lea 2 Timoteo 1:16-18 en el margen.

Para que Cristo sea el centro de la vida se deben practicar esas disciplinas. No se puede enseñar lo que uno no practica. Probablemente haya reconocido que los recursos que estudió de 2 Timoteo coinciden con las cinco disciplinas de la cruz del discípulo (vea la p. 122).

EN MISIÓN CON EL MAESTRO

El día 1 comenzó a estudiar las tareas del discípulo multiplicador, como se ilustra en la presentación del Maestro Constructor. Al terminar este estudio podrá dibujar el diagrama del Maestro Constructor y explicarlo con sus palabras.

Retén la forma de las sanas palabras que de mí oíste, en la fe y amor que es en Cristo Jesús. Guarda el buen depósito por el Espíritu Santo que mora en nosotros (2 Timoteo 1:13-14).

Tenga el Señor misericordia de la casa de Onesíforo, porque muchas veces me confortó, y no se avergonzó de mis cadenas, sino que cuando estuvo en Roma, me buscó solícitamente y me halló. Concédale el Señor que halle misericordia cerca del Señor en aquel día. Y cuánto nos ayudó en Éfeso, tú los sabes mejor (2 Timoteo 1:16-18).

Busque los siguientes versículos y léalos. Los versículos no aparecen impresos en el margen para que usted practique el uso de su Biblia. Asocie las citas bíblicas con los conceptos que presenten las tareas de un discípulo multiplicador.

_____ 1. Lucas 6:40

_____ 2. Colosenses 1:28

_____ 3. 1 Tesalonicenses 2:7

_____ 4. 1 Tesalonicenses 2:8

_____ 5. 1 Tesalonicenses 2:19

_____ 6. 1 Tesalonicenses 3:1-3

a. Considera a los discípulos como esperanza, gozo y corona

b. Envía a otros a ayudar

c. Los prepara

d. Los cuida como una madre

e. Comparte su vida con ellos

f. Procura presentarlos perfectos en Cristo al proclamar, amonestar y enseñar

En estos versículos podrá comprobar que un discípulo multiplicador se relaciona estrechamente con el creyente a quien discipula. Cuando usted comparte su vida con alguien y considera que dicha persona es su esperanza, gozo y corona, usted tiene una profunda relación de confianza con esa persona. Cuidar a alguien como si uno fuera su madre, no representa una relación superficial. Sin embargo, a pesar de tan profundo afecto, el discípulo multiplicar está dispuesto a amonestar cuando es necesario. Las respuestas son 1.c, 2.f, 3.d, 4.e, 5.a, 6.b.

Piense en cómo se ha involucrado para discipular a otros. En el ejercicio anterior, marque las referencias de la Escritura que mejor lo describen como un discípulo multiplicador. Dibuje una estrella al lado de los que necesite mejorar.

 Vuelva a la página 84 y lea en voz alta 2 Crónicas 16:9 para comenzar a memorizarlo. Luego repase los versículos memorizados las semanas anteriores.

 Lea Lucas 10:1-16. Luego escriba sus notas en su diario.

DÍA 3

Multiplique los discípulos reproductores

John Hilbun y su esposa Jerry, eran una pareja de mediana edad cuando participaron por primera vez en un grupo de *Vida discipular*. En el curso de los cinco años siguientes discipularon a más de 30 personas en la iglesia de una aldea. Dichos discípulos, a su vez, discipularon a otros 100, que se multiplicaron a más de 200 cuando a John y Jerry se les encomendó una misión en Barbados (isla de las Antillas), donde continúa su "reacción en cadena".

Esta semana está estudiando los principios de la multiplicación. Hoy estudiará el segundo principio.

PRINCIPIOS PARA MULTIPLICAR DISCÍPULOS
1. Sea un buen ejemplo de Jesucristo.
2. Encomiende las verdades bíblicas a discípulos confiables.
3. Ministre para Cristo incluso en tiempos y lugares adversos.

ENCOMIENDE LAS VERDADES BÍBLICAS A DISCÍPULOS CONFIABLES

En 2 Timoteo 2:2, que aparece en el margen, Pablo le dijo a Timoteo que le transmitiera a otros lo que él le había enseñado. Cada verdad

---

Un discípulo multiplicador se relaciona estrechamente con el creyente a quien discipula.

Lo que has oído de mí ante muchos testigos, esto encargan a hombres fieles que sean idóneos para enseñar también a otros (2 Timoteo 2:2).

Lo que has oído de mí ante muchos testigos, esto encargan a hombres fieles que sean idóneos para enseñar también a otros (2 Timoteo 2:2).

que usted recibe, aumenta su responsabilidad de transmitir la verdad a otros. En Mateo 25:26, Jesús calificó de malo y negligente al siervo que escondió sus talentos. ¿Qué ha recibido usted de predicadores, maestros y consejeros espirituales? Transmítalo a otros. Para Dios, usted es deudor a las generaciones que han de sucederlo.

Cuando me enseñaron por primera vez 2 Timoteo 2:2, mi maestro enfatizó el discipulado de uno a uno. Sin embargo, después de estudiar el versículo, descubrí que se evidenciaba lo contrario.

En 2 Timoteo 2:2, que aparece en el margen, subraye las palabras que se refieren a formar discípulos en un grupo.

¿Subrayó usted "ante muchos testigos", "hombres fieles" y "otros"? Durante años he aprendido que los mejores discípulos se forman en un grupo, así discipulaban Jesús y Pablo. Esto no significa que no se dedique tiempo a la formación de discípulos, sino que necesitan más el ejemplo para constituirse en discípulos.

Trace un círculo alrededor del método que las siguientes personas usaron la mayor parte del tiempo.

Jesús: individualmente   en grupo
Pedro: individualmente   en grupo
Pablo: individualmente   en grupo

Jesús, Pedro y Pablo discipularon principalmente en grupo.

Hoy estudiará dos maneras de seleccionar discípulos:
1. Seleccionar discípulos fieles.
2. Invertir su esfuerzo en discípulos idóneos.

SELECCIONAR DISCÍPULOS FIELES

Pablo elegía bien a quienes invitaba a seguirlo en su ministerio. Se negó a recibir nuevamente a Juan Marcos porque este seguidor había abandonado anteriormente al grupo de misioneros. Pablo también dio testimonio de la infidelidad de Figelo y Hermógenes. Pablo quería que cada esfuerzo hecho fuera fructífero, por eso lo inquietaba la fidelidad.

Cuando usted seleccione las personas con quienes invertirá su tiempo, elija a quienes sean fieles.

Tal vez usted piense que tiene un tiempo ilimitado para discipular a quienes Dios le ha encomendado. Sin embargo, en el lapso de su vida, usted sólo podrá discipular a una cantidad limitada de personas. Su eficiencia al discipularlos, determinará cuánto lleguen a multiplicarse.

Jesús dijo que los discípulos que sean fieles en poco recibirían mayor responsabilidad, pero si no fueran fieles, se les quitaría lo que tenían. La palabra *fiel* significa *confiable o fidedigno*, o bien una persona *que no defrauda la confianza depositada en ella.* Cuando usted seleccione a personas en quienes quiera invertir su tiempo, no se vea tentado a elegir a quienes tengan la mejor personalidad o cuenten con el don más obvio, sino elija a quienes sean fieles.

El versículo de esta semana, en 2 Crónicas 16:9, afirma que el Señor busca a creyente fieles (o "de corazón perfecto"). Trate de repetirlo de memoria.

Jesús no eligió a los discípulos caprichosamente. Dios se lo reveló. Juan 17:6 (en el margen), dice: *Tuyos eran, y me los diste*. Dicho versículo también dice que los discípulos eran fieles: **han guardado tu palabra.** Así como Dios le encomendó los discípulos a Jesús, Él le encomendará a usted que discipule a otras personas. Cuando Dios le encomienda alguien a usted, Él espera que usted preserve dicha confianza y no lo trate a la ligera.

He manifestado tu nombre a los hombres que del mundo me diste; tuyos eran, y me los diste, y han guardado tu palabra (Juan 17:6).

INVERTIR SU ESFUERZO EN DISCÍPULOS IDÓNEOS.

La fidelidad no es la única característica que debemos buscar al seleccionar a personas para discipular. Hay que invertir el tiempo con discípulos idóneos. En 2 Timoteo 2:2, Pablo dice: "Lo que has oído de mí ante muchos testigos, esto encarga a hombres fieles que sean idóneos para enseñar también a otros". Aquí la palabra *encargar* significa *delegar, depositar o enseñar*. La mejor oportunidad para depositar sus recursos está en las personas, confiables, capaces. Aquí la palabra *idóneo* significa *capaz, apto o digno*. La idoneidad se evidencia inesperadamente en ciertas personas, así que ore fervientemente por la dirección de Dios. Los discípulos originales de Jesús no se veían prometedores ante los ojos de ningún otro. Asegúrese de que Dios lo dirija hacia quienes le ha encomendado para discipular. La única manera de mantener en marcha la cadena de la multiplicación discipular es invertir sus recursos en individuos que sean idóneos para enseñar a otros.

Enseñar individuos que puedan enseñar a otros es la única manera de mantener en marcha la cadena de la multiplicación.

Si los discípulos no son fieles en transmitir a otros lo que se les ha encomendado, cada generación tendrá mayor dificultad para reproducirse. Los discípulos indiferentes se inclinan a transmitir su indiferencia, lo cual produce resultados decrecientes. Invierta usted la vida en discipular a individuos fieles que sean idóneos para enseñar también a otros.

EN MISIÓN CON EL MAESTRO

En los días 1 y 2, usted estudió las tareas del discípulo multiplicador. ¿Cómo mantiene usted en marcha a un discípulo por la senda del crecimiento espiritual según se ilustra en la presentación del Maestro Constructor. Para educar a un discípulo, tanto el discipulador como el discípulo tienen responsabilidades.

 Enumere las tareas del discípulo multiplicador y del discípulo según la presentación del Maestro Constructor. Si no puede recordarlas, vea las páginas 123-127.

El discípulo multiplicador: _____
El discípulo: _____

La tarea del discípulo multiplicador es capacitar al discípulo. Esta es una relación similar a la del aprendiz, en la cual el discipulador se constituye en un guía espiritual. Éste capacita al aprendiz y lo faculta para multiplicar discípulos. Usted avanza hacia una asociación con esa persona, así como Bernabé y Pablo comenzaron como guía y aprendiz y más adelante se hicieron colaboradores. Al final de esa etapa, el individuo está preparado para ayudar a otros a ser discípulos espirituales.

El discípulo espiritual pasa de preocuparse por su crecimiento a preocuparse por el crecimiento de los demás.

La tarea del discípulo, como reacción a la preparación recibida de su líder, es reproducirse. El discípulo establece una relación de mentor que faculta a otro aprendiz como un discípulo multiplicador.

El discípulo espiritual pasa de preocuparse por su crecimiento a preocuparse por el crecimiento de los demás.

Vida discipular **lo ha preparado a usted para guiar a otros a medida que llegan a ser discípulos espirituales. ¿Está usted dispuesto a dirigir su grupo de** *Vida discipular?* **❏ Sí   ❏ No   ¿Necesita usted un líder asociado que lo ayude? ❏ Sí ❏ No**

Mientras ora sobre la decisión de dirigir o no un grupo de *Vida discipular*, considere leer la Guía para el líder de *Vida discipular* y ver la presentación en video sobre el desempeño eficaz del líder.

Escriba los nombres de personas que tal vez Dios desee que usted discipule usando *Vida discipular.*

_____

Pregúntese con respecto a dada uno: *¿Esta persona es fiel e idónea?*

 Ore por los discípulos que está discipulando y por aquellos que pudieran dirigir en un grupo de *Vida discipular*. Pídale al Padre que lo prepare para ser el mentor de esas personas a fin de que se reproduzcan.

 Hoy lea 2 Timoteo 2 en su devocional. Luego escriba las notas en su diario.

DÍA 4

Ministrar pese a la adversidad

Wayne y Frances Fuller, hicieron de Cristo su primera prioridad. Estando de misioneros en el Líbano, Frances dirigía una casa de publicaciones y Wayne administraba las instalaciones de la misma. Tenían prisa por traducir e imprimir a tiempo *Vida discipular* para un curso discipular conjunto de árabes y judíos que se reuniría en Chipre. En medio de dicho proceso, sobrevinieron combates. Mientras los esposos Fuller y otros colaboradores compilaban los cuadernos, el edificio Fue afectado por proyectiles de mortero. Todos corrieron a refugiarse en el sótano, pero Frances no vio a Wayne. Volvió a subir las escaleras y lo encontró compilando cuadernos. Los esposos Fuller sirvieron en tiempos y lugares adversos para multiplicar discípulos.

Hoy estudiará el principio de la multiplicación discipular según 2 Timoteo 2 que aparece en letras negrillas.

PRINCIPIOS PARA FORMAR DISCÍPULOS QUE SE MULTIPLICAN
1. Sea un buen ejemplo de Jesucristo.
2. Encomiende las verdades bíblicas a discípulos confiables.
3. Ministre para Cristo incluso en tiempos y lugares adversos.

Segunda Timoteo 2:3 dice: "Tú, pues, sufre penalidades como buen soldado de Jesucristo". Al utilizar la palabra *pues*, Pablo asociaba dos ideas esenciales: multiplicar discípulos fieles, que multiplicaran discípulos y ministraran en tiempos y lugares adversos. Mediante tres ilustraciones, Pablo describió los tres componentes del ministerio en la adversidad:
1. Agradar a Cristo como primera prioridad.
2. Pagar el precio de la pureza para ganar el galardón.
3. Perseverar pacientemente hasta el tiempo de cosechar.
Hoy y mañana estudiaremos esos tres temas.

AGRADAR A CRISTO COMO PRIMERA PRIORIDAD

Pablo instaba a Timoteo a "sufrir penalidades como buen soldado de Jesucristo" (2 Timoteo 2:3). La palabra penalidades se origina en un término que significa *participar en un sufrimiento conjunto*.

Debido a que usted combate la maldad, se encuentra peleando en una guerra espiritual y debe prepararse para sufrir. Pablo le dijo a Timoteo que estaba en una batalla contra el mundo, la carne y el maligno. Usted también se encuentra detrás de las líneas enemigas.

En los tiempos de Pablo, un comandante reclutaba a sus propios soldados. El soldado, entonces, tenía una responsabilidad: agradar a su comandante. Un soldado en batalla no puede cuestionar la cadena de mando, porque de lo contrario sería un caos. Sucede lo mismo si usted cuestiona a su Señor en tiempos adversos. Jesús debe ser la primera prioridad. La familia, las posesiones u otros propósitos son secundarios.

Lea Lucas 14:26-27,33 que aparece en el margen.

¿Lo ha dejado usted todo por Cristo? De los siguientes conceptos, marque las áreas que todavía son más importantes que Cristo.
❑ **Mi trabajo**
❑ **Obtener bienes materiales**
❑ **Pasatiempos**
❑ **Obtener la aprobación de mis familiares**
❑ **Llegar a cumplir una función importante en la iglesia**
❑ **Otras:** _____

Si alguno viene a mí, y no aborrece a su padre, y madre, y mujer, e hijos, y hermanos, y hermanas, y aun también su propia vida, no puede ser mi discípulo. Y el que no lleva su cruz y viene en pos de mí, no puede ser mi discípulo... Así, pues, cualquiera de vosotros que no renuncia a todo lo que posee, no puede ser mi discípulo (Lucas 14:26-27, 33).

En 2 Timoteo 2:4, Pablo continúa así: "Ninguno que milita se enreda en los negocios de la vida, a fin de agradar a aquel que lo tomó por soldado". Las palabras que se traducen como "se enreda" significa *enmarañarse o enlazarse con algo*. Es el cuadro de unos pies enmarañados en una red en el momento preciso que le clarín da la señal de atacar. El soldado no puede darse el lujo de enredarse en cuestiones civiles el día de la batalla, porque así no agradaría a su comandante. La frase "tomar por soldado" es la misma que se traduce como "dedicar" o "poner en servicio" en Juan 15:16, donde Jesús dice a los discípulos: "No me elegisteis vosotros a mí, sino que yo os elegí a vosotros, y os he puesto para que vayáis y llevéis fruto, y vuestro fruto permanezca […]"

¿Qué sería necesario hacer para usted ordenara sus prioridades?

Examine ahora su vida y responda las siguientes preguntas. Marque los conceptos que le correspondan a usted.
❏ Estoy enredado que le correspondan a usted.
❏ Hay cosas del mundo que me impiden hacer de Cristo mi primera prioridad.
❏ Hay cosas del mundo que me impiden discipular a otros.

Examine los conceptos que marcó. ¿Qué sería necesario para ordenar sus prioridades?

_____

 El versículo para memorizar esta semana, en 2 Crónicas 16:9, dice cómo ordenar sus prioridades. ¿Qué es? Vea si puede recitar dicho versículo de memoria.

PREPÁRESE PARA MINISTRAR

 Dar el ejemplo constituye gran parte de lo que usted hace para facultar discípulos. Lea a continuación "Cómo dar el ejemplo" para aprender a dar el ejemplo como Cristo lo hizo.

CÓMO DAR EL EJEMPLO

Dar el ejemplo sigue un proceso de cinco etapas.
1. *Lo hago, no importa si alguien lo sabe o no.* Si eso es parte de mi vida, lo hago porque es correcto, no importa si alguien más lo sabe o me ve.
2. *Lo hago y usted observa.* Es básicamente lo que Jesús hizo al principio con los discípulos. Primero estuvieron con Él para observar. Parte del discipulado implica simplemente darle acceso a ciertas personas a la vida de uno y llevarlas con uno.
3. *Usted lo hace y yo lo observo.* Le asigno una tarea, como "Cuando testifiquemos, ¿por qué no das tu testimonio?". Después es evalúa.
4. *Usted lo hace y me informa.* Yo no voy con usted. Le asigno una tarea. Usted la hace y luego me informa qué sucedió.
5. *Usted comienza a hacerlo, no importa si alguien lo sabe.* La práctica ha vuelto a ser parte de su carácter a medida que se está pareciendo cada vez más a Cristo.

UN CORAZÓN DE SIERVO

Tener un corazón de siervo forma parte del ejemplo que damos. Lea Mateo 23:8-11 en el margen.

El camino del Reino de Dios es contrario al camino del mundo. Usted necesita ser un siervo como Cristo. Aunque Él tenía todas las riquezas y privilegios celestiales, lo dejó todo para ser un siervo.

 Dedique tiempo a orar por las personas que discipula actualmente. Pídale al Señor que le revele qué debe hacer para desarrollar un corazón de siervo para dar el ejemplo.

 Hoy lea Mateo 23:1-15 en su devocional. Luego haga notas en su diario.

PREPÁRESE PARA MINISTRAR

Ministrar a su familia es lo primero que debe hacer antes de ministrar a otros. Si celebrar el culto familiar todavía no es parte de su vida de familia, considere ahora en oración establecer dicha práctica mientras lee el siguiente material.

 Lea la siguiente sección titulada "Cómo dirigir el culto familiar". Complete las actividades mientras lee.

CÓMO DIRIGIR EL CULTO FAMILIAR

¿Por qué su familia debe adorar al Señor en la casa? Porque el Señor lo manda. Lea Deuteronomio 6:6-9 que aparece en el margen.

Las familias que fielmente ha honrado a Dios mediante el culto familiar han descubierto que tal hábito ha fortalecido e enriquecido su vida familiar más que cualquier otra cosa.

El líder

Un culto familiar requiere de un líder o patrocinador que reconozca el valor de tal práctica y se haya dedicado a mantenerla a pesar de los impedimentos. Si un miembro de la familia resuelve que "con la ayuda de Dios y la dirección del Espíritu Santo dirigirá su familia a honrar a Dios a través de la adoración en su casa", ya casi ganaron la batalla.

¿Quién dirigirá en el culto familiar? Habitualmente el esposo y padre debe aceptar tal responsabilidad, ya que por naturaleza, él es el líder espiritual de la familia. Lea Efesios 6:4.

Sin embargo, el culto familiar no se debe suspender si el padre no está dispuesto a aceptar dicha responsabilidad o si se encuentra ausente temporalmente. El miembro de la familia a quien Dios le haya revelado la necesidad de tener el culto familiar procurará que los demás se comprometan con esa práctica. Cuando se solicita la participación de cada miembro de la familia se obtienen los mejores resultados. El integrante de la familia que se haya ofrecido

Pero vosotros no queráis que os llamen Rabí; porque uno es vuestro Maestro, el Cristo, y todos vosotros sois hermanos. Y no llaméis padre vuestro a nadie en la tierra; porque uno es vuestro Padre, el que está en los cielos. Ni seáis llamados maestros; porque uno es vuestro Maestro, el Cristo. El que es el mayor de vosotros, sea vuestro siervo (Mateo 23:8-11).

Y estas palabras que yo te mando hoy, estarán sobre tu corazón; y las repetirás a tus hijos, y hablarás de ellas estando en tu casa, y andando por el camino, y al acostarte, y cuando te levantes. Y las atarás como una señal en tu mano, y estarán como frontales entre tus ojos; y las escribirás en los postes de tu casa, y en tus puertas (Deuteronomio 6:6-9).

Y vosotros, padres, no provoquéis a ira a vuestros hijos, sino criadlos en disciplina y amonestación del Señor (Efesios 6:4).

ha de servir como patrocinador, aunque no tiene que ser el líder de cada culto familiar. Se debe animar a todos los miembros de la familia, desde el más pequeño hasta el mayor, para tomar turno en la dirección de esta experiencia de adoración.

La persona que le gustaría iniciar el culto familiar:

_____

La familia necesita disciplinarse con un horario definido para encontrarse con Dios en la casa y adorarlo.

El horario
El horario dedicado al culto familiar es tan importante para la familia como lo es para la congregación. La familia necesita disciplinarse con un horario definido para encontrarse con Dios en la casa y adorarlo.

El mejor horario para la adoración varía. Algunos comienzan el día con un culto familiar. Otros tienen su culto antes o después de la comida. Cada familia debe encontrar un horario adecuado a su rutina. Una vez que se decida el horario, la familia deberá reservar ese tiempo para encontrarse con Dios en la casa y adorarlo.

El horario que estoy considerando para el culto familiar es:

_____

El lugar
Igual que la mayoría de las congregaciones construyen un santuario como lugar de adoración, una familia necesita un lugar para adorar en la casa. Seleccione un lugar donde la familia tenga la menor cantidad de interrupciones por causa del teléfono, la televisión, las visitas y demás distracciones. Una vez que se seleccione dicho lugar, coloque allí los elementos que usará en el culto familiar para tenerlos a mano.

La Biblia ha de ser el centro de la adoración familiar.

El lugar que estoy considerando para el culto familiar es:

_____

Elementos para el culto familiar
La Biblia debe ser el corazón en la adoración del hogar. Muchas familias consideran que es de ayuda una traducción de la Biblia en idioma moderno, especialmente por los niños. También son útiles las ayudas para el estudio bíblico, como una concordancia, un comentario, un diccionario y un atlas, aunque no son necesarias. Muchas familias seleccionan una revista de devocionales como _Quietud_[2] para el culto familiar.

Elementos que puede usar mi familia para el culto familiar:

_____

Un método

Comience con la Palabra. Alguien lee en voz alta un pasaje escogido de la Biblia. Luego se puede dialogar acerca del pasaje; un integrante de la familia, o más de uno, puede decir lo que significa el pasaje. Si se usa una revista de devocionales como *Quietud*², se puede leer en voz alta el pasaje para cada día y el comentario correspondiente.

Después de la lectura, dedique tiempo para hacer comentarios. Puede ser un testimonio de un miembro de la familia acerca de una experiencia o un pasaje bíblico que le resultó útil. Tal vez los integrantes de la familia deseen cantar juntos o escuchar música cristiana.

Concluya en oración. Pueden mencionarse motivos de oración especiales. Un miembro de la familia puede guiar a todos en oración, o bien cada uno puede orar brevemente.

El método que estoy considerando usar para nuestro culto familiar es:

_____

Después del diálogo bíblico, dedique tiempo para hacer comentarios.

 Celebre cultos familiares con los integrantes de su familia que así lo deseen. Si es soltero, celebre un devocional con otra persona cada día durante una semana.

DÍA 5

Pureza y perseverancia

Cuando visité Kenya (África), el misionero Allan Stigney me dijo: "Cuéntame acerca de las personas que tú discípulas, y sabré mucho más de ti que lo que tú mismo podrías decirme". Las palabras de Allan conllevan repercusiones importantes para la multiplicación discipular. Las mismas me han resonado en los oídos desde entonces. La prueba no sólo depende de la duración de los discípulos, sino de que tengan el carácter de Cristo y se multipliquen en otros discípulos. Si sus discípulos se mantienen pasivos y nada hacen con la verdad que usted les imparte se debe a que el discipulado suyo no es adecuado o su manera de vivir no reflejó sus enseñanzas.

Ayer usted comenzó a estudiar la necesidad de multiplicar discípulos en lugares y tiempos adversos. Usted ya estudió el primer punto que se indica a continuación:

1. Agradar a Cristo como primera prioridad.
2. Pagar el precio de la pureza para ganar el galardón.
3. Perseverar pacientemente hasta la cosecha.

Hoy se concentrará en el segundo y tercer punto que Pablo destacó en 2 Timoteo.

"Cuéntame acerca de las personas que tú discípulas, y sabré mucho más de ti que lo que tú mismo podrías decirme".

Y también el que lucha como atleta, no es coronado si no lucha legítimamente (2 Timoteo 2:5).

PAGAR EL PRECIO DE LA PUREZA PARA GANAR EL GALARDÓN

La persona llamada a multiplicar discípulos necesita regirse por las reglas del Señor. Lea en el margen lo que dice acerca de eso 2 Timoteo 2:5. Dicho versículos se refiere a un certamen específico, no a un simple acontecimiento. El equipo atlético de un país no asiste a las olimpiadas por su rendimiento general, sino para competir en eventos específicos. Casi todas las derrotas del atleta no se determinan en el rendimiento general, sino en eventos específicos. Es el acontecimiento deportivo en el cual uno debe esmerarse especialmente por no escatimar esfuerzos ni quebrantar las reglas. Pablo amonestaba a sus lectores a servir al Señor con integridad de corazón en lugar de contentarse persiguiendo metas secundarias.

¿Recuerda alguna ocasión en que un traspié le afectó adversamente su testimonio cristiano? Marque cualquier de las siguientes experiencias que pueda haber tenido:
❑ **Me expresé enfurecido delante de niños sensibles.**
❑ **Hice comentarios inapropiados para un creyente en Cristo.**
❑ **Le dediqué demasiado tiempo al trabajo en lugar de estar con mi familia.**
❑ **No santifiqué el día del Señor.**
❑ **Me reí de un chiste subido de tono delante de otros que me tenían como ejemplo.**
❑ **Otra:** _____

Las personas le prestan más atención a lo que usted hace que a lo que dice. Servir a Cristo en tiempos y lugares adversos requiere conducirse de manera irreprochable para que los demás sepan que su corazón le pertenece a Cristo.

 El versículo para memorizar esta semana, en 2 Crónicas 16:9, dice que el Señor reconoce a quienes tienen un corazón puro. Recite dicho versículo de memoria a su compañero de oración o a un familiar.

PERSEVERAR PACIENTEMENTE HASTA LA COSECHA

No espere que el discípulo que usted atiende, madure enseguida.

En 2 Timoteo 2:6 Pablo utilizó la analogía del agricultor: "El labrador, para participar de los frutos, debe trabajar primero". Ser agricultor requiere perseverancia. No sólo hay que esperar que el cultivo crezca, sino que continuamente se debe fertilizar, cultivar y eliminar las malas hierbas. Pero si uno es constante, recogerá la cosecha.

Cuando yo era niño solía plantar semillas y al día siguiente ¡las desenterraba para ver si estaban creciendo! No espere que un discípulo a quien usted cuida se desarrolle tan rápido. Mientras el cultivo esté todavía tierno, no podrá evaluar cuánto ha progresado.

Hay riesgo que los discipuladores deben evitar: darse por vencidos muy pronto o frustrarse porque aparentemente sus esfuerzos no rinden fruto. Ni el mismo Jesús vio resultados instantáneos. Él perseveró y vio resultados eternos. Si al discipular a otros, se esfuerza en la gracia de Jesucristo y persevera, entonces podrá multiplicar discípulos.

Marque las siguientes decisiones que esté dispuesto a tomar.
❑ **Invertiré mi vida en discípulos fieles que puedan enseñar a otros.**
❑ **Sufriré las penalidades y haré de la multiplicación discipular mi primera prioridad para agradar a mi Comandante.**
❑ **Competiré de acuerdo a las reglas.**
❑ **Perseveraré hasta que la cosecha madure.**

Si marcó cualquiera de los conceptos, usted será el primero en disfrutar de las recompensas. Usted podrá multiplicar discípulos y gozarse en la cosecha.

PREPÁRESE PARA MINISTRAR
Una habilidad discipular que usted puede desarrollar para el uso de Dios es traer un devocional o presentar un mensaje. Las siguientes instrucciones lo ayudarán a comunicar lo que Dios le revela en su Palabra.

 Seleccione un estudio o un pasaje bíblico y desarrolle el bosquejo para un mensaje. Al seguir las siguientes instrucciones, escriba sus planes en otra hoja de papel.

CÓMO PREPARAR UN MENSAJE BASADO EN UN ESTUDIO BÍBLICO

¿Alguna vez notó cuán difícil es comunicarle a otros lo que usted sintió en un estudio bíblico personal? Se debe a que, si los demás estudian con usted, participan en lo mismo y se comunican "en la misma onda". Pero cuando usted intenta transmitir las ideas en un devocional, un sermón, o una conferencia, los demás prestan menos atención. Puede ser que no estén participando o que el estudio no se presente de acuerdo a sus necesidades. Cuando usted presente un mensaje basado en un estudio de la Biblia, es importante seguir un procedimiento distinto al que usó para estudiarlo.

Idea principal
1. Escoja una idea principal del pasaje bíblico o resuma el pasaje con una oración que exprese la idea principal.
2. Escriba la idea tan sencilla y concisa como sea posible.

Objetivo
1. Exprese su objetivo de manera tal que los oyentes puedan entender, hacer o sentir al concluir su mensaje.
2. Escriba dicho objetivo en una forma personal y precisa. Ejemplo: Deseo que mis oyentes procuren reconciliarse con una persona con cual tienen problemas.

Título
1. Seleccione un título que describa el tema del cual usted hablará. Evite los títulos sensacionalistas que no describen el contenido del mensaje.

Una habilidad discipular que usted puede desarrollar para el uso de Dios es traer un devocional o presentar un mensaje.

Exprese su objetivo de manera tal que los oyentes puedan entender, hacer o sentir al concluir su mensaje.

El bosquejo habitualmente surge del pasaje bíblico.

Presente la necesidad o la pregunta que ha de responder su mensaje.

2. Use un título que interese a los oyentes, algo acerca de lo cual desearían aprender más.

3. La mayoría de los títulos debe limitarse de 3 a 5 palabras principales.

4. Aunque ponerle título al mensaje no es obligatorio, ayuda a los oyentes a percibir el mensaje y contribuye a asociar el bosquejo con la idea principal.

Bosquejo

1. El bosquejo normalmente surge del pasaje bíblico. Escriba cómo el escritor bíblico dividió o desarrolló lo que dijo.

2. El bosquejo debe consistir en partes de la idea principal, explicaciones o preguntas acerca de la misma.

3. Puede usar tantos puntos como necesite, sean muchos o pocos. Por lo general no se necesita muchos subpuntos si usted decide usar el siguiente método funcional:

   a. explique qué dice la Biblia sobre dicho punto.

   b. ilústrelo.

   c. aplíquelo.

Presentación

1. **Introducción**

   a. *Estoy aburrido* expresa la actitud de los oyentes hasta que usted capte la atención de los mismos. Podrá captar el interés de los mismos de diversas maneras:

   • Una afirmación asombrosa

   • Una ilustración interesante

   • Una pregunta llamativa

   • Algo en lo cual las personas ya estén interesadas

   b. *¿Por qué salió con esto?* Es lo que se preguntará el oyente cuyo interés haya captado. Presente la necesidad o la pregunta que ha de responder su mensaje. Plantee la necesidad tan enérgicamente como sea posible. Convenza al oyente de que usted va a decir algo que vale la pena escuchar.

2. **Cuerpo del mensaje**

   a. *¿Cómo se hace?* es la pregunta que los oyentes tienen en la mente después que usted dijo tener una respuesta para una necesidad. La explicación suya debe manifestar la respuesta de Dios. Puede desarrollar el bosquejo con explicaciones, ilustraciones y aplicaciones. O bien, podría eliminar el bosquejo y hacer de su respuesta un punto que usted explique, ilustre y aplique.

   b. *¿Por ejemplo?* Es la pregunta que los oyentes se hacen cada vez que usted explica un punto o un principio. Las ilustraciones son ventanas que dejan entrar la luz a la mente de los oyentes. Aunque tenga diversas ilustraciones, debe tener una que ayude a visualizar lo que sucederá en la vida real si se aplicara su mensaje.

3. **Conclusión**

   a. *¿Y entonces qué?* Es la respuesta de los oyentes después que usted expuso su mensaje. ¿Qué desea usted que hagan al respecto?

b. Indique con claridad los pasos prácticos que necesitan tomar basándose en el pasaje bíblico.

c. Desafíe a los oyentes a aplicar la idea principal del mensaje a sus vidas. Apele directamente a la voluntad de los mismos preguntándoles "¿lo hará usted?", en lugar de recurrir al sentimiento de culpa preguntándoles "¿acaso no debe usted hacer eso?". Anímelos a hacerlo. Describa el caso de otros que lo hayan hecho de esa manera y los resultados que tuvieron. Pídales que tomen una decisión personal al respecto.

Evaluación

Cuando haya preparado el mensaje, evalúe cómo responderán los oyentes conjeturando sus pensamientos según aparece en el margen.

Mientras usted habla, los oyentes piensan:
1. Estoy aburrido
2. ¿Por qué salió con esto?
3. ¿Cómo se hace?
4. ¿Por ejemplo?
5. ¿Y entonces qué?

 Al final de este estudio, usted asistirá al "Taller de dones espirituales", que le ayudará a identificar sus dones y concentrarse en las áreas en que puede ministrar. Comience a orar por su experiencia en dicho taller. Pida al Señor que le manifieste el ministerio en que Él desea que usted tenga parte.

Hoy lea 2 Timoteo 4 en su devocional. Luego escriba los notas en su diario.

¿QUÉ EXPERIENCIA TUVO ESTA SEMANA?

Repase "Mi andar con el Maestro en esta semana" al comienzo del material para esta semana. Marque las actividades que haya completado con una línea vertical en el diamante. Termine toda actividad incompleta. Piense qué dirá durante la sesión de grupo acerca de su trabajo en tales actividades.

Espero que el estudio de esta semana "La formación de discípulos" lo haya hecho pensar en las personas que usted está discipulando y a preguntarse si en verdad está reproduciendo discípulos multiplicadores.

Hágase estas preguntas para evaluar su discipulado:
❑ **¿Doy ejemplo de confianza en Cristo?**
❑ **¿Me multiplico en discípulos fieles y capaces?**
❑ **Ministro a otros en tiempos y lugares adversos?**

---

1. *En la presencia de Dios (978-0-8054-9699-4)*, está disponible en librerías cristianas, en las librerías LifeWay Christian Stores o llamando al 1-800-257-7744.

2. *Quietud* es una revista de devocionales diarios que está disponible en librerías cristianas, en las librerías LifeWay Christian Stores o llamando al 1-800-257-7744.

SEMANA 6

Colaboradores en el ministerio

La meta de esta semana

Trabajará con los colaboradores con quienes formará un equipo discipulador.

Mi andar con el Maestro en esta semana

Completará las siguientes actividades para desarrollar las seis disciplinas bíblicas.

 DEDICARLE TIEMPO AL MAESTRO
◇ Tenga un tiempo devocional cada día, y márquelo al terminar:
   ❑ Domingo ❑ Lunes ❑ Martes ❑ Miércoles ❑ Jueves ❑ Viernes ❑ Sábado

 VIVIR EN LA PALABRA
◇ Lea su Biblia diariamente. Escriba qué le dice Dios y qué usted le dice a Él.
◇ Memorice Mateo 28:19-20.
◇ Repase Lucas 6:40, Mateo 5:23-24, Romanos 6:23, 1 Pedro 2:2-3 y 2 Crónicas 16:9.

ORAR CON FE
◇ Ore para que Dios lo guíe a encontrar el ministerio que Él desea para usted.
◇ Ore por la posibilidad de dirigir un grupo de *Vida discipular*.
◇ Planee un retiro de oración durante medio día.

TENER COMUNIÓN CON LOS CREYENTES
◇ Nombre uno o más compañeros a quien informarles de su progreso.

 TESTIFICAR AL MUNDO
◇ Lea la sección que sigue titulada "¿Y cómo oirá?"
◇ Examine un mapa mundial y ore por el mundo.
◇ Testifique de su fe a alguien usando El evangelio en la mano

 MINISTRAR A OTROS
◇ Aprenda las características del discípulo colaborador como se indica en la presentación del Maestro Constructor.
◇ Lea "Una aventura en el ministerio".
◇ Complete el inventario de los dones espirituales.
◇ Reúnase con el líder de *Vida discipular* y dígale sus planes.

Versículo para memorizar esta semanas

Por tanto, id, y haced discípulos a todas las naciones, bautizándolos en el nombre del Padre, y del Hijo, y del Espíritu santo; enseñándoles que guarden todas las cosas que os he mandado; y he aquí yo estoy con vosotros todos los días, hasta el fin del mundo (Mateo 28:19-20).

DÍA 1

Los dones de la gracia de Dios

Cuando era misionera en Indonesia, comencé a discipular a un alumno del seminario llamado Youtie. Youtie había comenzado a pastorear una pequeña iglesia, en una casa, y les enseñaba a sus miembros todo lo que yo le enseñaba a él. Muchos de ellos habían sido comunistas y eran creyentes nuevos en Cristo desde hacía seis meses o menos, pero muy pronto sus Biblias se gastaron porque con diligencia, Youtie los discipuló. Pronto, agregaron otro cuarto para acomodar más miembros y comenzar un estudio bíblico en diez áreas alrededor de la casa-iglesia. Cuando el grupo de Youtie creció en número y espíritu, construyeron un hermoso templo de ladrillos en Semarang.

Más tarde Youtie llegó a ser misionero a Kalimantan (Borneo). Él, y las cinco familias que lo acompañaron, comenzaron 25 iglesias y bautizaron a más de dos mil personas en dos años.

Youtie no es mi discípulo, es un discípulo del Señor. Lo discipulé para profundizar su relación con el Señor. Youtie fue más allá de ser un discípulo y un discípulo multiplicador. Él se hizo un discípulo colaborador del ministerio que guiaba a los equipos de discípulos multiplicadores a unirse a la misión con Dios.

La última etapa en la senda del crecimiento espiritual es la de llegar a ser un discípulo colaborador en el ministerio. Además de hacer discípulos, tal como lo aprendió la semana pasada, debe aprender a trabajar con otros para ministrar en un equipo de discípulos multiplicadores. El estudio de esta semana explica cómo los creyentes deben capacitarse para servir a Dios. Al terminar la semana será capaz de:

- definir los *dones espirituales;*
- explicar cómo los dones espirituales se usan en el ministerio;
- reconocer la diferencia entre dones espirituales, fruto del Espíritu y talentos;
- nombrar los dones espirituales;
- identificar el ministerio al cual ha sido llamado;
- hacer planes para el discipulado futuro.

¿CUÁLES SON LOS DONES ESPIRITUALES?
Lea 1 Corintios 12:4-14 en su Biblia. El pasaje no está impreso en el margen. Practique buscándolo y leyéndolo en las Escrituras.

En el versículo 4, la palabra *don* es una traducción de la palabra griega *jarístama* que significa *don de gracia.* Se refiere al don basado en el amor del dador, no del mérito de quien lo recibe.

Lea Romanos 12:6 en el margen. ¿Cuál es la base, según dijo Pablo, para recibir los dones espirituales?
❏ **Las necesidades de Dios**   ❏ **Los requisitos de Dios**
❏ **La gracia de Dios**

Youtie se hizo un discípulo colaborador del ministerio que guiaba a los grupos de discípulos multiplicadores a unirse a la misión con Dios.

De manera que, teniendo diferentes dones, según la gracia que nos es dada (Romanos 12:6).

De manera que, teniendo diferentes dones, según la gracia que nos es dada, si el de profecía, úsese conforme a la medida de la fe; o si de servicio, en servir; o el que enseña, en la enseñanza; el que exhorta, en la exhortación; el que reparte, con liberalidad; el que preside, con solicitud; el que hace misericordia, con alegría (Romanos 12:6-8).

Porque a éste es dada por el Espíritu palabra de sabiduría; a otro, palabra de ciencia según el mismo Espíritu; a otro, fe por el mismo Espíritu; y a otro, dones de sanidades por el mismo Espíritu. A otro, el hacer milagros; a otro, profecía; a otro discernimiento de espíritus; a otro, diversos géneros de lenguas; y a otro, interpretación de lenguas (1 Corintios 12:8-10).

Y a unos puso Dios en la iglesia, primeramente apóstoles, luego profetas, lo tercero maestros, luego los que hacen milagros, después los que sanan, los que ayudan, los que administran, los que tienen don de lenguas. ¿Son todos apóstoles? ¿son todos profetas? ¿todos maestros? ¿hacen todos milagros? ¿Tienen todos dones de sanidad? ¿hablan todos lenguas? ¿interpretan todos? (1 Corintios 12:28-30).

Y él mismo constituyó a unos, apóstoles; a otros, profetas; a otros evangelistas; a otros, pastores y maestros (Efesios 4:11).

Según ese versículo, usted puede ver que los dones espirituales están arraigados en la gracia de Dios. Gracia es lo que Dios hizo en Cristo por usted, sin merecerlo. Exactamente como usted es salvo por la gracia de Dios, también recibe los dones espirituales por la gracia de Dios. Dios le da los dones espirituales porque quiere equiparlo para su servicio.

> Los dones espirituales son habilidades espirituales dada a los creyentes por el Espíritu Santo para equiparlos y realizar la obra de Dios en este mundo.

Lea los versículos del margen y 1 Pedro 4:11 en el margen de la página 107. Al lado de cada referencia escriba la cantidad de dones espirituales que el pasaje menciona.
_____ **1. Romanos 12:6-8**
_____ **2. 1 Corintios 12:8-10**
_____ **3. 1 Corintios 12:28-30**
_____ **4. Efesios 4:11**
_____ **5. 1 Pedro 4:11**

Los dones espirituales son: 1. 7; 2. 9; 3. 8; 4. 5; 5. 2.

Defina *dones espirituales* usando las siguientes palabras clave: *destreza, creyentes, capacitar, la obra de Dios y mundo*.

_____

_____

Verifique su definición comparando con la que está en el cuadrado de esta página.

DONES Y FRUTO
Los dones espirituales son diferentes del fruto del Espíritu. Usted lo estudió en *Vida discipular 2: La personalidad del discípulo*, está en Gálatas 5:22-23.

Escriba *dones* en la columna que describe los dones espirituales y *fruto* en la columna que describa el fruto del Espíritu.

_____	_____
Relacionado con el servicio	Relacionado con el carácter
Son los medios para un fin	Es un fin en sí mismo
Lo que una persona tiene	Lo que una persona es
Se recibe exteriormente	Se produce interiormente
Un creyente no los posee todos	Cada variedad debe estar en cada creyente

Espero que haya respondido que la columna izquierda enumera las características de los dones espirituales y que la columna de la derecha enumera el fruto del Espíritu. Tener dones espirituales no indica la bondad o carácter de una persona. Aunque los corintios tenían muchos dones, la iglesia tenía problemas de envidia, carnalidad y discordia.

Lea 1 Corintios 12:29-30 en el margen. Marque la respuesta implícita a la pregunta de Pablo: ❑ **Sí** ❑ **No**

Si bien no se espera que todos los creyentes tengan todos los dones espirituales, cada creyente debe desarrollar y mostrar el fruto del Espíritu. Estas cualidades semejantes a Cristo deben caracterizar su vida, mientras que los dones espirituales lo capacitan para servir a Dios con su vida. El fruto del Espíritu representa el tipo de persona que usted debe ser, mientras que los dones espirituales destacan para qué usted está equipado.

Haga un círculo alrededor del fruto del Espíritu y subraye los dones espirituales.

Amar	Predicar	Ser bondadoso	Tener paz
Sanar	Tener gozo	Ayudar	Ser fiel

Debe haber encerrado en círculos: *Amar, Ser bondadoso, Tener paz, Tener gozo, Ser fiel,* y debe haber subrayado: *Predicar, Sanar y Ayudar.*

 Las áreas del ministerio mencionadas en Mateo 28:19-20, los versículos para memorizar esta semana, mandan a testificar a otros y hacer discípulos, tarea que se espera de cada creyente. Lea varias veces estos versículos en la Biblia, en voz alta para comenzar a memorizarlos.

Cada día de esta semana repase los versículos que aprendió de memoria en todo este estudio

EN MISIÓN CON EL MAESTRO

Vuelve a leer el Maestro Constructor en las páginas 123-127, con un énfasis especial en las enseñanzas de un discípulo colaborador en el ministerio. Al finalizar este estudio será capaz de dibujar este diagrama y explicarlo con sus palabras.

Primera Corintios 3:8-9 reconoce el trabajo de un colaborador. Lea estos versículos en el margen.

Este pasaje indica que todos somos compañeros en la obra de Dios. Describe un ministerio para todos. Para que el Reino de Dios crezca, todos los creyentes deben testificar y servir, tanto laicos como pastores.

Jesús enseñó a sus discípulos el concepto del ministerio para todos. Lea Marcos 3:13-15 en el margen.

Si alguno habla, hable conforme a las palabras de Dios, si alguno ministra, ministre conforme al poder que Dios da, para que en todo sea Dios glorificado por Jesucristo (1 Pedro 4:11).

¿Son todos apóstoles? ¿son todos profetas? ¿todos maestros? ¿hacen todos milagros? ¿Tienen todos dones de sanidad? ¿hablan todos lenguas? ¿Interpretan todos? (1 Corintios 12:29-30).

Y el que planta y el que riega son una misma cosa; aunque cada uno recibirá su recompensa conforme a su labor. Porque nosotros somos colaboradores de Dios, y vosotros sois labranza de Dios, edificio de Dios (1 Corintios 3:8-9).

Después subió al monte, y llamó a sí a los que él quiso; y vinieron a él. Y estableció a doce, para que estuviesen con él, y para enviarlos a predicar y que tuviesen autoridad para sanar enfermedades y para echar fuera demonios (Mark 3:13-15).

Os recomiendo además a nuestra hermana Febe, la cual es diaconisa de la iglesia en Cencrea; que la recibáis en el Señor, como es digno de los santos, y que la ayudéis en cualquier cosa en que necesite de vosotros; porque ella ha ayudado a muchos, y a mí mismo. Saludad a Priscila y a Aquila, mis colaboradores en Cristo Jesús que expusieron su vida por mí, a los cuales no sólo doy gracias, sino también todas las iglesias de los gentiles (Romanos 16:1-4).

Pablo también describió el trabajo paralelo de los discípulos colaboradores y les expresó su gratitud. Lea Romanos 16:1-4 en el margen.

Según el pasaje que leyó en Romanos, marque las declaraciones que son ciertas acerca de los colaboradores.
❏ **Un discipulador se siente superior a los colaboradores.**
❏ **El colaborador ejerce su autoridad sobre los miembros del equipo.**
❏ **Jesús se valió de los discípulos solo para tener compañía.**
❏ **Un colaborador puede sufrir a causa de Cristo.**

Un sentimiento de igualdad caracteriza las relaciones entre los colaboradores. Aunque la relación sea de discípulo a discipulador, no existen sentimientos de superioridad. Los colaboradores pueden realizar las mismas tareas y tener completa autoridad para ministrar. Ningún colaborador guía un grupo en forma autócrata. A pesar de que los discípulos estuvieron con Jesús cuando Él ministraba, también los envió a predicar y a sanar. Sin embargo, un colaborador puede llegar a sufrir persecución. La única declaración cierta es la última.

Pídale a Dios que comience a poner en su corazón los nombres de las personas que usted puede comisionar como colaboradores. Tal vez algunas de las personas a las que está discipulando ya estén listas para ser colaboradores en el ministerio.

 Lea 1 Corintios 12 durante se devocional. Luego escriba sus notas en el diario.

DÍA 2

Un cuerpo, muchos miembros

Usted recibe los talentos cuando nace físicamente. Pero recibe los dones cuando nace de nuevo espiritualmente.

Ayer aprendió que los dones espirituales son diferentes al fruto del Espíritu. Los dones espirituales también son diferentes a los talentos. Usted recibe los talentos cuando nace físicamente. Pero recibe los dones cuando nace de nuevo espiritualmente. Los creyentes y los no creyentes tienen talentos. Un don es una habilidad espiritual que sólo los creyentes poseen. Por ejemplo, la fe es un don; la habilidad de cantar es un talento. Los talentos son habilidades naturales, los dones son habilidades espirituales. Los talentos dependen de los instintos naturales, los dones dependen de una dote espiritual. Los talentos inspiran o entretienen, los dones se usan para edificar la iglesia.

Aunque los talentos y los dones espirituales no son lo mismo, ambos son dados por Dios. Al reconocer esto, los creyentes deben desarrollar sus talentos plenamente para ponerlos al servicio de Dios. Tal vez pueda valerse de un talento con un don. Por ejemplo: El don del estímulo o del evangelismo pueden ejercerse por medio de la música.

Escriba una *D, F* o una *T* al lado de cada declaración según sea un don espiritual, un fruto del espíritu o un talento.
____ 1. Habilidades espirituales.
____ 2. Habilidades naturales.
____ 3. Cualidades espirituales.
____ 4. Dado a los creyentes para equiparlos para el servicio.
____ 5. Todos pueden alcanzarse permitiéndole al Espíritu obrar.

Las respuestas son: 1. D, 2. T, 3. F, 4. D, 5. F.

CÓMO SE RECIBEN LOS DONES ESPIRITUALES

Cada creyente recibe al menos un don espiritual. Lea 1 Pedro 4:10 y 1 Corintios 12:7 en el margen. En la familia de la gracia de Dios cada miembro es importante. Si usted se desprecia creyendo que no es capaz de hacer nada importante para el Señor, no es humilde. Es que no discierne o quizás es ingrato. Un creyente nunca debe decir: "No soy nadie". Al contrario, diga: "Soy un hijo de Dios. He recibido los dones espirituales. Así que ejerceré mis dones en el ministerio".

Lea 1 Corintios 12:11 en el margen. Explique cómo se distribuyen los dones espirituales.

_____

Usted no puede elegir los dones espirituales que prefiera. Dios los distribuye como considere mejor. Los dones del Espíritu son exactamente eso: regalos. Usted no los gana ni trabaja para obtenerlos, así que no tiene derecho de jactarse respecto a sus dones.

Lea 1 Corintios 12:17-20 en el margen. ¿A qué conclusión llegó Pablo?

_____

Pablo llegó a la conclusión de que hay muchos miembros en el cuerpo, pero el cuerpo es uno, y por lo tanto todos los miembros se necesitan unos a otros. Cada parte del cuerpo existe para servir a su totalidad, y Dios sabe cómo cada parte se puede usar mejor. Él le ha dado dones espirituales capacitándolo así para ayudar el cuerpo de Cristo a operar eficaz y eficientemente.

Vuelca a leer Romanos 12:6-8; 1 Corintios 12:8-10, 28-30; Efesios 4:11 y 1 Pedro 4:11 que aparecen en los márgenes de las páginas 106-107. Luego escriba los dones que usted cree tener.

_____

En el taller de los dones espirituales, que está a continuación de este estudio, usted y su grupo se ayudarán mutuamente para descubrir y confirmar sus dones.

Cada uno según el don que ha recibido, minístrelo a los otros, como buenos administradores de la multiforme gracia de Dios (1 Pedro 4:10).

Pero cada uno le es dada la manifestación del Espíritu para provecho (1 Corintios 12:7).

Pero todas estas cosas las hace uno y el mismo Espíritu, repartiendo a cada uno en particular como él quiere (1 Corintios 12:11).

Si todo el cuerpo fuese ojo, ¿dónde estaría el oído? Si todo fuese oído, ¿dónde estaría el olfato? Mas ahora Dios ha colocado los miembros cada uno de ellos en el cuerpo, como él quiso. Porque si todos fueran un solo miembro, ¿dónde estaría el cuerpo? Pero ahora son muchos los miembros, pero el cuerpo es uno solo (1 Corintios 12:17-20).

Planee pasar medio día en un retiro de oración cuando termine este estudio. Debe hacer esto cada mes y orar por el plan de Dios para su vida. Escriba el día que lo hará _____.

EN MISIÓN CON EL MAESTRO

El día 1 usted comenzó por aprender las características de un ministro colaborador según lo presenta el Maestro Constructor. Hoy continuará con dicho aprendizaje. Al finalizar el estudio será capaz de dibujar el diagrama y explicarlo con sus palabras.

Lea Hechos 6:2-4 en el margen, el cual describe las características de un discípulo colaborador en el ministerio. Luego marque las declaraciones que describen lo que este discípulo hace.

Entonces los doce convocaron a la multitud de los discípulos, y dijeron: No es justo que nosotros dejemos la palabra de Dios, para servir a las mesas. Buscad, pues, hermanos, de entre vosotros a siete varones de buen testimonio, llenos del Espíritu Santo y de sabiduría, a quienes encarguemos de este trabajo. Y nosotros persistiremos en la oración y en el ministerio de la palabra (Hechos 6:2-4).

❑ Los colaboradores se consultan mutuamente.
❑ Los colaboradores oran juntos.
❑ Los colaboradores ministran en la Palabra juntos.
❑ Los colaboradores sirven juntos.
❑ Los colaboradores compiten entre sí para ver quién es más importante.

Los colaboradores trabajan juntos en armonía. Solo la última declaración no es una característica de un colaborador espiritual.

Continúe memorizando los versículos de esta semana, Mateo 28:19-20. En el margen, trate de escribirlos de memoria.

Lea Hechos 15 en su devocional. Luego escriba sus impresiones en su diario.

DÍA 3

Edifique el cuerpo de Cristo

Cada creyente debe conocer sus dones y permitirle al Espíritu Santo que los desarrolle. Pero, ¿cuál es el propósito de los dones?

Primera Corintios 14:12 declara cómo usar sus dones espirituales. Lea el versículo en el margen y marque la respuesta correcta.
❑ Para dominar a otros   ❑ Para edificar la iglesia
❑ Para ganar prestigio

Así también vosotros; pues que anheláis dones espirituales, procurad abundar en ellos para edificación de la iglesia (1 Corintios 14:12).

Los dones espirituales son para realzar el cuerpo de Cristo y consolidarlo. Dios dice que los dones espirituales se deben usar para ministrar y no para ganar la admiración de dichas personas o ganar prestigio. El uso inapropiado de los dones desagrada a Dios y demuestra ingratitud por los dones que Él ha dado.

PREPARAR AL PUEBLO DE DIOS
El concepto de edificar el cuerpo de Cristo aparece una vez mas en Efesios
4:11-13.

**Lea Efesios 4:11-13 en el margen. ¿Quién debe hacer la obra de
ministrar y edificar el cuerpo de Cristo?**

_____

*Y él mismo constituyo a unos,
apóstoles; a otros, profetas; y a
otros, evangelistas; a otros,
pastores y maestros, a fin de
perfeccionar a los santos para la
obra del ministerio, para la
edificación del cuerpo de Cristo,
hasta que todos lleguemos a la
unidad de la fe y el
conocimiento del Hijo de Dios,
a un varón perfecto, a la
medida de la estatura de la
plenitud de Cristo
(Efesios 4:11-13).*

El pueblo de Dios debe edificar el cuerpo de Cristo. En este versículo,
los que capacitan, que deben preparar al pueblo de Dios son los apóstoles,
profetas, evangelistas, pastores y maestros. Ellos deben facultar a todos los
creyentes para realizar su trabajo de servicio.

¿Cuál es la norma para madurez, según Efesios 4:11-13?

_____

Debemos llegar a la absoluta plenitud de Cristo. Él quiere que
usemos sus dones para hacer que su cuerpo crezca internamente y para
alcanzar a otros.

¿CÓMO USA USTED SUS DONES ?
La parábola de los talentos, en Mateo 25:14-30, usa la inversión de las
finanzas para enseñar que usted será responsable de la manera en que
use sus dones. El día del juicio usted no será elogiado por sus riquezas,
posesiones o fama. Será elogiado si puede contestar adecuadamente esta
pregunta: "¿Usaste fielmente los dones que te di?"

**¿Cómo respondería usted si Dios le preguntara en este momento eso
mismo? Explique se respuesta:**

_____

Primera Pedro 4:10 dice: "Cada uno según el don que ha recibido,
minístrelos a los otros, como buenos administradores de la multiforme
gracia de Dios". Use sus dones para servir a otros.

**El pasaje a memorizar es Mateo 28:19-20. Estos versículos
mencionan maneras especiales para usar sus dones espirituales.
Diga de memoria estos versículos a su compañero de oración
o a un amigo. Dígale a esa persona lo que usted cree que le mandan
a hacer en esos versículos.**

**Use sus dones para servir a
otros.**

EN MISIÓN CON EL MAESTRO
Los días 1 y 2 aprendió las características del colaborador. ¿Cómo usted
mantiene el progreso de un discípulo a través del desarrollo por la senda

Porque de tal manera amo Dios al mundo, que ha dado a su Hijo unigénito para que todo aquel que en él cree, no se pierda, mas tenga vida eterna (Juan 3:16).

Y él es la propiciación por nuestros pecados; y no solamente por los nuestros, sino también por los de todo el mundo (1 Juan 2:2).

Tú, pues, hijo mío, esfuérzate en la gracia que es en Cristo Jesús. Lo que has oído de mi ante muchos testigos, esto encarga a hombres fieles que sean idóneos para enseñar también a otros. Tú, pues, sufre penalidades como buen soldado de Jesucristo (2 Timoteo 2:1-3).

Mirad cuál amor nos ha dado el Padre, para que seamos llamados hijos de Dios; por esto el mundo no nos conoce, porque no le conoció a él (1 Juan 3:1).

Por tanto, id, y haced discípulos a todas las naciones, bautizándolos en el nombre del Padre, y del Hijo, y del Espíritu Santo; enseñándoles que guarden todas las cosas que os he mandado; y he aquí yo estoy con vosotros todos los días, hasta el fin del mundo. Amén (Mateo 28:19-20).

Pero recibiréis poder, cuando haya venido sobre vosotros el Espíritu Santo, y me seréis testigos en Jerusalén, en toda Judea, en Samaria, y hasta lo último de la tierra (Hechos 1:8).

espiritual tal como el Maestro Constructor lo muestra para alentar al discípulo a ser un colaborador, tanto el discípulo como el discipulador deben tener responsabilidades.

 Haga la lista de las tareas que el discípulo y el discipulador deben tener en las etapas del Maestro Constructor. Si no lo recuerda, revise la presentación en las páginas 123-127.

Discipulador: _____ **Discípulo:** _____

La tarea del discipulador es comisionar al discípulo para ministrar, teniendo por meta el crecimiento del Reino de Dios. Esta relación es una alianza con otros creyentes que participan en el crecimiento del reino. Después que el discípulo haya identificado el ministerio en el cual quiere trabajar, el discipulador lo encomienda a realizar ese ministerio.

La tarea del discípulo es multiplicar a otros mediante los dones que Dios le ha dado. El discipulador alienta, ayuda y fortalece. La responsabilidad del discipulador disminuye mientras que la del discípulo se ha aumentado.

 Deténgase y ore pidiendo llegar a ser un colaborador eficaz. Pídale al Padre que lo ayude a encontrar el área ministerial que desea para usted y que Él bendiga a otros por intermedio suyo.

TESTIFICAR PARA EL MAESTRO

 Lea a continuación "¿ Y cómo oirán?"

¿ Y CÓMO OIRÁN?

En el mundo hay aproximadamente 4 mil millones de personas que no son cristianas, 1.680 millones nunca han oído de Cristo, no tienen Biblias en sus respectivos idiomas y jamás han conocido a un cristiano. ¿Por qué nosotros, los cristianos, no estamos alcanzando esas personas?

- No es porque Dios no ame a cada persona (ver Juan 3:16 en el margen).
- No es porque Cristo no muriera por cada persona (ver 1 Juan 2:2 en el margen).
- No es porque Dios no quiera que cada persona se salve (ver 2 Timoteo. 2:1-3 en el margen).
- No es porque Dios no nos salvó (ver 1 Juan 3:1 en el margen).
- No es porque Jesús no nos mandara que hiciéramos discípulos a todas las naciones (ver Mateo 28:19-20 en el margen).
- No es porque No es porque Dios no nos diera poder (ver Hechos 1:8 en el margen).

Cristo mandó a sus discípulos que hicieran discípulos en todas las naciones. Tenemos que hacer nuestra parte. ¿Cómo?

1. Cada uno de nosotros debe centrar su *propósito en la vida* en el propósito de Dios (vea 2 Pedro 3:9, en el margen). Lo que está en el corazón de Dios, el mundo, también debe estar en el centro del propósito de su vida (vea Juan 3:16). Dios quiere que su pueblo cumpla su propósito para ser siervos sacerdotes obedientes en todas las naciones (véanse Éxodo 19:5-6 y 1 Pedro 2:9-10, en el margen).

2. Cada uno de nosotros debe establecer *metas en la vida* de acuerdo a la meta de Dios (vea Mateo 28:19-20). La meta de Dios para nosotros en "hacer discípulos en todas las naciones". Las metas de su vida deben involucrar lo que Dios quiere que usted sea y hacer todo lo que Dios quiere que usted haga. Tal vez quiera unirse a miles de creyentes que participan en tareas misioneras a corto o largo plaza. Sin embargo, la meta de su vida tiene más que ver con ser un misionero de corazón que con la situación geográfica.

3. Debemos adaptar nuestro *modo de vivir* para usar todas las posesiones de la mejor manera, para el mayor beneficio de la mayor cantidad de personas. El promedio de ingreso semanal de una persona que vive en los Estados Unidos sobrepasa el promedio de lo que gana una personan en un año en muchos países. Dios no nos ha bendecido con riqueza para que las acaparemos o usemos por completo para nuestro beneficio.

4. Cada uno de nosotros debe usar el *sustento de la oración* para interceder por el mundo (vea Lucas 10:2 en el margen). Necesitamos presentar a Dios las necesidades del mundo y traer al mundo el mensaje de Dios. Por medio de la oración podemos alcanzar a millones de personas que viven en países donde al misionero tradicional no se le permite servir. El plan de Dios para alcanzar al mundo depende de su poder. Lo que es imposible para los humanos, es posible para Dios.

Si usted hace del propósito de Dios, el propósito de su vida, de la meta de Dios, la meta de su vida, del modo de dar de Dios, su modo de vivir, y de la oración a Dios, su diario eslabón con Él y con el mundo, usted habrá hecho su parte asegurándose que los perdidos oigan las buenas nuevas de Jesús.

Evalúe su misión de alcanzar al mundo para Cristo. Subraye el número que representa su posición presente en cada área. El 5 indica al máximo. Luego haga un círculo al número del nivel al cual usted quiere que Dios lo guíe.

Propósito en la vida:	1	2	3	4	5
Metas en la vida:	1	2	3	4	5
Modo de vivir::	1	2	3	4	5
Oración:	1	2	3	4	5

El señor no retarda su promesa, según algunos la tienen por tardanza, sino que es paciente para con nosotros, no queriendo que ninguno perezca, sino que todos procedan al arrepentimiento (2 Pedro 3:9).

Ahora, pues, si diereis oído a mi voz, y guardareis mi pacto, vosotros seréis mi especial tesoro sobre todos los pueblos; porque mía es toda la tierra. Y vosotros me seréis un reino de sacerdotes, y gente santa. Estas son las palabras que dirás a los hijos de Israel (Éxodo 19:5-6).

Mas vosotros sois linaje escogido, real sacerdocio, nación santa, pueblo adquirido por Dios, para que anunciéis las virtudes de aquel que os llamó de las tinieblas a su luz admirable; vosotros que en otro tiempo no erais pueblo, pero que ahora sois pueblo de Dios; que en otro tiempo no habías alcanzado misericordia (1 Pedro 2:9-10).

Y les decía: La mies a la verdad es mucha, mas los obreros pocos; por tanto, rogad al Señor de la mies que envíe obreros a su mies (Lucas 10:2).

 Mire el mapa de la página 137 de *Vida discipular 1* y ore por el mundo.

Por lo cual te aconsejo que avives el fuego del don de Dios que está en ti por la imposición de mis manos (2 Timoteo 1:6).

Amados, no creáis a todo espíritu, sino probad los espíritus si son de Dios; porque muchos falsos profetas han salido por el mundo (1 Juan 4:1).

No quiero, hermanos, que ignoréis acerca de los dones espirituales. Sabéis que cuando erais gentiles, se os extraviaba llevándoos, como se os llevaba, a los ídolos mudos. Por tanto, os hago saber que nadie que hable por el Espíritu de Dios lama anatema a Jesús; y nadie puede llamar a Jesús Señor, sino por el Espíritu Santo. Ahora bien, hay diversidad de dones, pero el Espíritu es el mismo (1 Corintios 12:1-4).

Seguís el amor; y procurad los dones espirituales, pero sobre todo que profeticéis (1 Corintios 14:1).

 Testifíquele a alguien en esta semana usando la presentación El evangelio en la mano. Si lo desea, pídale a alguien de su grupo de *Vida discipular* que lo acompañe para ayudarlo.

 Lea Mateo 25:14-30, la parábola de los talentos, durante su devocional. Luego tome notas en su diario.

DÍA 4

Ministre con otros

Los creyentes deben funcionar como una unidad, conscientes de otros miembros y preocupados del bienestar de todos. El propósito de Dios al dar diferentes dones es lograr la unidad en el cuerpo.

DESARROLLE SU DON

Lea 2 Timoteo 1:6 en el margen. ¿Qué le dijo Pablo a Timoteo que debía hacer para desarrollar sus dones?

_____

Pablo le dijo a Timoteo que avivara y usara sus dones como pastor y maestro. Lamentablemente, los dones espirituales se pueden usar mal y hasta falsificar. Lea 1 Juan 4:1 y 1 Corintios 12:1-4 en el margen. Usted está advertido que debe discernir qué clase de espíritu es y no ignorar las influencias de Satanás. Satanás no actúa solo. Los espíritus malignos realizan la obra de Satanás. Ellos engañan al pueblo de Dios guiándolo para que crean que el Espíritu Santo es el que inspira al maestro o al pastor cuando en realidad el mensaje viene del diablo. Pero usted no puede ignorar al Espíritu Santo y sus dones tan solo porque algunas personas abusan o usan mal sus dones.

De acuerdo a 1 Corintios 14:1, en el margen, ¿qué debe estar presente en la vida de una persona que usa sus dones espirituales en forma sabia? Hágale un círculo a la respuesta correcta.
   Poder   fama   amor   inteligencia

Pablo colocó sus enseñanzas acerca del amor, 1 Corintios 13, en el medio de su discurso sobre los dones espirituales (1 Corintios 12–14). Sin amor, los dones del Espíritu son como un mental que resuena, un címbalo que retiñe y nada somos (vea 1 Corintios 13:1-3). Los creyentes deben estar llenos del amor de Dios y los otros frutos del Espíritu. Pablo escribió en 1 Corintios a la iglesia que estaba argumentando acerca de cuál don era el mejor. Pablo llamó al amor el camino por excelencia, superior al ejercicio de cualquier otro don (vea 1 Corintios 12:31).

Subraye cuál es la evidencia de una vida llena del Espíritu:
Habilidad para predicar   Hablar en lenguas   Fruto del Espíritu

Una iglesia llena de miembros que quieren ejercitar sus dones espirituales en amor se caracterizará por la unidad. Lea Efesios 4:16 y 1 Corintios 12:24-26 en el margen.

Describa con sus palabras cómo puede ayudar a lograr esta unidad en el cuerpo de Cristo.

_____

PREPÁRESE PARA MINISTRAR

 Lea "Una aventura en el ministerio" en los siguientes párrafos para aprender cómo debe planear para ministrar a otros.

UNA AVENTURA EN EL MINISTERIO
La base bíblica de su ministerio
1. *Cada creyente es un ministro y tiene un ministerio que realizar.* En el Nuevo Testamento la palabra ministro viene del griego *diakonos*. La raíz de esa palabra es *diakonía* que significa *la labor y el trabajo de un siervo*. Se refiere a los deberes del hogar o las funciones religiosas. La persona que cumplía estos deberes se llamaba ministro o siervo. Todos los creyentes somos siervos ministros. El sacerdocio de los creyentes es una enseñanza bíblica: todos somos iguales ante Dios, tenemos acceso directo al Padre, y todos tenemos la responsabilidad de ministrar a otros en el nombre de Cristo (vea Éx. 19:5-6; Is. 61:4-6; 1 P. 2:9; Ap. 1:6).
2. *Cada uno de los creyentes hemos sido llamados al ministerio cuando fuimos llamados a seguir a Cristo* (véanse Mt. 4:19; Lc. 14:26-27; 1 Co. 1:26-29; Ef. 1:18; 2 Ts. 1:11; 2 Ti. 1:9). Debemos ser el pueblo escogido, ser sacerdotes a las naciones y demostrar las alabanzas de la gloria de Dios (vea 1 P. 2:9).
3. *Cada creyente tiene uno o mas dones espirituales que le permiten ministrar* (vea Ro. 12:4-6; 1 Co. 12:7; Ef. 4:7; 1 P. 4:10-11). Un modo de descubrir su ministerio es descubrir los dones espirituales que Dios le ha dado para ministrar. Los dones espirituales se descubren estudiando la Biblia, sirviendo o ministrando y según la iglesia se los confirme.
4. *Cada creyente debe prepararse para realizar su trabajo en el ministerio.* Efesios 4:11-12 dice que Cristo ha dotado a la iglesia con apóstoles, profetas, evangelistas, pastores y maestros para capacitar a los creyentes son ministerios. Aunque todos los creyentes son ministros, a algunos de ellos Dios les ha dado la responsabilidad de equipar a otros. Esto quiere decir, *perfeccionar, o ubicar a la persona en el lugar y con las condiciones adecuadas, restaurar, educar, capacitar,*

De quien todo el cuerpo, bien concertado y unido entre si por todas las coyunturas que se ayudan mutuamente, según la actividad propia de cada miembro, recibe su crecimiento para ir edificándose en amor (Efesios 4:16).

Porque los que en nosotros son mas decoroso, no tienen necesidad; pero Dios ordeno el cuerpo, dando mas abundante honor al que le faltaba, para que no haya desavenencia en el cuerpo, sino que los miembros todos se preocupen los unos por los otros. De manera que si un miembro padece, todos los miembros se duelen con él, y si un miembro recibe honra, todos los miembros con él se gozan (1 Corintios 12:24-26).

Cada uno de los creyentes hemos sido llamados al ministerio cuando fuimos llamados a seguir a Cristo.

Los discípulos multiplicadores deben preparar a todos los creyentes para ministrar.

guiar o preparar a la persona para que realice la tarea. Los discípulos multiplicadores deben preparar a todos los creyentes para ministrar.

El proceso del desarrollo personal en el ministerio
Debido a que los creyentes han sido llamados a ministrar, necesitan:
1. Descubrir sus dones espirituales;
2. Descubrir posibilidades para el ministerio;
3. Educarse para ejercer sus ministerios para Cristo en su poder;
4. Ser comisionados como colaboradores en el ministerio.

Usted puede explorar los ministerios de servicio: enseñanza/predicación, evangelismo, cuidado mutuo, y adoración/intercesión, Usando el siguiente procedimiento. El taller sobre los dones espirituales que sigue a este estudio lo ayudará a descubrir sus dones espirituales y a concentrarse en un área del ministerio para los cuales usted ha sido dotado.

El proceso explorar un ministerio
Después de elegir un área del ministerio en la que quiere participar, siga estas instrucciones para examinar dicho ministerio.
1. *Ministerio.* Escriba el nombre del ministerio que quiere examinar. Estúdielo durante una semana.
2. *Base bíblica.* Tome notas, a medida que complete el estudio bíblico, acerca de dicho ministerio y agregue lo que perciba mediante pasajes paralelos y comentarios de otras personas. La Biblia de estudio Arcoiris tiene buenas ayudas en la sección de discipulado.[1]
3. *Aplicación práctica.* Escriba varias aplicaciones de la verdad bíblica en un ambiente actual. Enumerar ejemplos sobre cómo se lleva a cabo dicho ministerio en la actualidad, le dará a escoger formas para involucrarse en ese ministerio.
4. *Aplicación personal.* Examine el área del ministerio para descubrir si Dios quiere que usted se especialice en ello. Decida realizar una o dos de las actividades siguientes:
   a. Observar a alguien que este trabajando en dicho ministerio. Escriba lo que ha aprendido y como se siente al respecto.
   b. Haga algo en el área del ministerio. Ayude a alguien que necesite ese ministerio, y a otra persona que ya lo esté desarrollando. Elija un compañero y realicen juntos dicho ministerio.
   c. Investigue el ministerio. Hable con participantes del mismo. Lea un articulo o libro que trate de esto. Vea una película o un video, o escuche un casete acerca de ese ministerio. Escriba lo que ha aprendido y/o coméntelo con alguien.
5. *Verificación.* Escriba de qué manera usted, y/o alguien más, va a saber que usted completó dicho ministerio. También puede anotar los resultados que dicho ministerio tuvo en su vida o en la vida de otras personas. Una declaración de verificación ayuda a ser mas especifico al escribir sus planes para ministrar.

Examine dicha área del ministerio para descubrir si Dios quiere que usted se especialice en ello.

Mientras considera cómo usará sus dones espirituales, ore sobre la posibilidad de dirigir un grupo de *Vida discipular.*

 Durante su devocional lea 2 Timoteo 1, que relata cómo Pablo discipuló a Timoteo. Luego tome notas en su diario.

DÍA 5

Use sus dones

Después de examinar qué son los dones espirituales y qué no son, aprenda cómo los puede descubrir y usar para la gloria de Dios. Hoy aprenderá seis maneras de reconocer sus dones:

> 1. Crea que tiene dones.
> 2. Ore.
> 3. Descubra sus dones.
> 4. Acepte la responsabilidad de usar sus dones.
> 5. Considere sus deseos.
> 6. Acepte la confirmación de los demás.

Dios quiere revelarle los dones espirituales que le ha dado.

CREA QUE TIENE DONES
Los dones espirituales no son un premio especial para una élite espiritual. Cada creyente recibe dones espirituales.

¿Tiene dificultades en reconocer que usted posee dones? ❏ Sí ❏ No De ser así, repase las enseñanzas acerca de los dones espirituales en el material de esta semana y lea en el margen los pasajes que ha estudiado acerca de los dones. Pídale al Espíritu Santo que le revele la verdad acerca de sus dones por medio de este repaso.

ORE
Dios quiere revelarle los dones espirituales que le ha dado.

En Santiago 4:2, en el margen, subraye dos palabras que indiquen lo que usted necesita hacer para que Dios le revele sus dones.

Pero no tenéis lo que deseáis, porque no pedís (Santiago 4:2).

Si usted quiere reconocer sus dones espirituales, *pídale a Dios* que le muestre cuáles son. A Dios le agrada responder las oraciones que están de acuerdo a sus propósitos.

DESCUBRA SUS DONES
Es importante para un discípulo colaborador saber qué dones ha recibido del Espíritu Santo.

De manera que, teniendo diferentes dones, según la gracia que nos es dada, si el de profecía, úsese conforme a la medida de la fe; o si de servicio, en servir; o el que enseña, en la enseñanza; el que exhorta, en la exhortación; el que reparte, con liberalidad; el que preside, con solicitud; el que hace misericordia, con alegría (Romanos 12:6-8).

Porque a éste es dada por el Espíritu palabra de sabiduría; a otro palabra de ciencia según el mismo Espíritu; a otro, fe por el mismo Espíritu; y a otro, dones de sanidades por el mismo Espíritu. A otro, el hacer milagros; a otro, profecía; a otro discernimiento de espíritus; a otro, diversos géneros de lenguas; y a otro, interpretación de lenguas (1 Corintios 12:8-10).

Y a unos puso Dios en la iglesia, primeramente apóstoles luego profetas, lo tercero maestro, luego los que hacen milagros, después los que sanan, los que ayudan, los que administran, los que tienen don de lenguas. ¿Son todos apóstoles? ¿son todos profetas? ¿todos maestros? ¿hacen todos milagros? ¿Tienen todos dones de sanidad? ¿hablan todos lenguas? ¿interpretan todos? (1 Corintios 12:28-30).

Complete el inventario de los dones espirituales en las páginas 138-141 para prepararse para el Taller de los dones espirituales que seguirá a este estudio. Califique su inventario y lea las definiciones de los dones espirituales en la página 142 para entender los dones espirituales que usted tiene. Después de asistir al taller, usted debe conocer sus principales dones y estar listo para llevarlos a la práctica en el ministerio.

Estudie los pasajes bíblicos del margen que hablan de los dones espirituales. Si descubrió algunos de estos dones espirituales cuando completó el inventario, subráyelos y manifiéstelos en su propia vida.

ACEPTE LA RESPONSABILIDAD DE USAR SUS DONES
Muchos de los mandamientos en el Nuevo Testamento se relacionan con los dones espirituales. Además, cada persona tiene el deber de evangelizar, demostrar misericordia, aliento, dar y ayudar, posea o no dichos dones. Mientras es obediente en estas áreas, tal vez el Espíritu Santo le revele que tiene algunos dones, de los cuales no tenía conocimiento.

 Los versículos bíblicos para memorizar esta semana, Mateo 28:19-20, nos ordenan ir y hacer discípulos, sin considerar los dones que tengamos. Diga el versículo de una a tres veces en voz alta para verificar su aprendizaje.

CONSIDERE SUS DESEOS
¿Qué le gusta hacer? ¿A qué se siente inclinado? ¿Qué cree que nace en usted naturalmente? Su gozo o deseo de algún don puede ser la manera que Dios use para demostrarle que posee ese don.

Aplíquese estas preguntas a usted mismo:

¿Qué le gusta hacer? _____

¿A qué se siente inclinado? _____

¿Qué nace en usted naturalmente? _____

ACEPTE LA CONFIRMACIÓN DE LOS DEMÁS
Quizás otros vean un don en usted antes de que usted lo reconozca.

¿En qué áreas las personas le piden ayuda? _____

_____

¿Por cuál hecho del pasado ha sido usted sinceramente elogiado?

_____

Ministrar como colaboradores / 119

Muchos creyentes viven en una pobreza espiritual, sin reconocer sus dones. Cuando los dones no se usan o se descuidan, se malgasta el potencial del ministerio que Él quiere que usted desarrolle. Cuando reconozca algún don en otra persona, aliéntela a desarrollar dicho don.

Cuando usted se dé cuenta de algún don en otra persona aliente a esa persona a desarrollar dicho don.

 Lea 2 Corintios 4 durante su devocional. Luego escriba sus impresiones en su diario.

PREPÁRESE PARA MINISTRAR

Aunque su estudio de *Vida discipular* esté llegando al final, usted querrá continuar creciendo como un discípulo de Jesucristo. Pregúntale a algún ministro de la iglesia o al líder de su grupo de *Vida discipular* si en su iglesia tendrán alguna otra oportunidad de estudiar otro curso de formación discipular.[2]

Las siguientes áreas del discipulado están en una lista debajo de las disciplinas de la cruz del discípulo. Marque los asuntos en los que crea que necesita crecer. Siéntase libre de anotar en el margen otras áreas.

Dedicarle tiempo al Maestro
❏ Conocer la voluntad de Dios

❏ La mente de Cristo

❏ Vivir en el Espíritu

Vivir en la Palabra
❏ Encuesta del Antiguo Testamento
❏ Encuesta del Nuevo Testamento
❏ Fundamento de las doctrinas cristianas

Orar con fe
❏ Cómo desarrollar una vida de oración
❏ Cómo dirigir un ministerio de oración

Tener comunión con los creyentes
❏ Habilidades para padres

❏ Fortalecer el matrimonio

Testificar al mundo
❏ Testificar por medio de las relaciones
❏ Aconsejar a nuevos creyentes

Ministrar a otros
❏ Aconsejar a personas con problemas
❏ Hacer la paz con un pasado doloroso
❏ Recuperación de luto
❏ Recuperación del divorcio

 Póngase de acuerdo para tener una reunión con su líder de *Vida discipular* para conversar sobre su experiencia con *Vida discipular* y los planes para un futuro discipulado. Prepárese para responder a los siguientes asuntos.

Comente sus planes para un futuro discipulado.

1. ¿De qué maneras ha crecido espiritualmente durante su estudio de *Vida discipular*?
2. ¿En qué etapa de desarrollo está usted en el Maestro Constructor?
3. ¿En qué área de crecimiento quiere trabajar en el futuro? Refiérase al inventario discipular de las páginas 133-137.
4. ¿Qué ministerio cree que el Señor quiere que usted lleve a cabo?
   - ¿Cuáles son sus dones espirituales? Refiérase al inventario de los dones espirituales de las páginas 138-141.
   - ¿Qué ministerio ha desarrollado en el pasado por medio del cual el Señor ha bendecido a otros?
   - ¿A qué ministerio cree que el Señor lo está llamando?
   - ¿Qué estudios debería hacer para prepararse mejor en su ministerio? Vea la lista en la actividad anterior.
   - ¿Qué debe hacer de inmediato para obtener más experiencia en ese ministerio?
5. ¿De qué manera piensa discipular a otros?

Enumere una o más personas de confianza.

Gracias al estudio de *Vida discipular* usted tiene ahora un grupo de compañeros discípulos con los cuales puede contar para su crecimiento y ministerio. Busque una o más personas a quienes rendir cuentas y que los ayuden a seguir siendo disciplinado aún después de terminas el curso. Decida en qué medida quiere que esta persona controle su progreso en el crecimiento discipular y establezca un proceso para rendirle cuentas.

¿QUÉ EXPERIENCIA TUVO ESTA SEMANA?
Repase la sección "Mi andar con el Maestro en esta semana" al comienzo del material para esta semana. Marque las actividades que haya completado con una línea vertical en el diamante. Termine toda actividad incompleta. Piense en lo que dirá durante la sesión de grupo acerca de su trabajo en tales actividades.

Espero que a través de este estudio "Ministre como colaborador" haya aprendido cómo educar y comisionar discípulos para hacer la obra del Reino de Dios. Asegúrese de completar el curso de *Vida discipular 4: La misión del discípulo* asistiendo al Taller de los dones espirituales a continuación de este estudio. Obtendrá una comprensión más completa de sus dones espirituales y el ministerio que Dios tiene para usted.

Para concluir *Vida discipular*, lea la declaración, escrita por una joven pastor africano, de lo que significa ser un discípulo.

Pertenezco al grupo de los no se avergüenzan. Tengo el poder del Espíritu Santo. La suerte ya está echada. He cruzado la línea enemiga. La decisión ya está tomada. Soy su discípulo. No volveré a mirar atrás, no me daré por vencido, no disminuiré la marcha, no retrocederé ni me quedaré inmóvil.

Mi pasado está redimido, mi presente tiene sentido, mi futuro está asegurado. Atrás, he dejado la bajeza, andar por apariencias, planear pequeñeces, las rodillas lisas, los sueños sombríos, las visiones que no desafían, el hablar como el mundo, la vida barata y las metas enanas.

Ya no necesito preeminencia, ni prosperidad, ni categoría, ni promociones, ni la aclamación de otros, ni la popularidad. No necesito ser quien tenga razón, ni ser el primero, ni encumbrarme, ni que me reconozcan; no necesito elogios, ni reputación, ni gratificaciones. Ahora vivo por fe, descanso en la presencia del Señor, ando con paciencia, la oración me eleva y obro con su poder.

Afirmé mi rostro. He acelerado la marcha. Mi meta es celestial. Mi senda es angosta. Mi camino es adverso. Mis compañeros son pocos. Mi guía es de confianza. Mi misión es clara.

No pueden corromperme. No haré concesiones. No podrán desviarme de la senda ni atraerme con señuelos. No me harán volver atrás, ni me desorientarán ni me demorarán. Ante el sacrificio no me dejaré acobardar, no vacilaré en presencia del adversario ni negociaré a la mesa del enemigo. No cavilaré ante la popularidad ni vagaré sin rumbo por el laberinto de la mediocridad.

No desistiré, no me callaré, ni desmayaré sin haber velado, sin haber atesorado lo necesario, sin haber agotado mis recursos en oración, ni sin haber saldado mi deuda con la causa de Cristo. Soy discípulo de Jesús. Debo seguir adelante hasta que Él venga, debo entregarme hasta lo último, debo predicar hasta que todos sepan de Él y debo trabajar hasta que Él me detenga.

Y cuando Él venga a buscar los suyos, no tendrá ningún problema para reconocerme, porque mi bandera estará bien limpia.

¿Se ha consagrado usted completamente a Cristo?

¿Se ha consagrado usted completamente a Cristo, como lo describió este pastor? Cuando Él venga por los suyos, ¿lo reconocerá como su discípulo porque su bandera estará bien limpia?

Si puede responder que sí a las dos preguntas anteriores, deténgase y dígale a Jesús cómo se siente respecto al discipulado y lo que usted le ora a Él para que se cumpla a través suyo.

¡Felicitaciones! Ha completado el estudio de *Vida discipular*. Que el Señor lo bendiga a medida que continúa en una permanente relación de obediencia con su Maestro.

---

1. *La Biblia de estudio Arcoiris* puede conseguirse llamando al departamento de servicio al cliente al 1-800-257-7744.

2. Los materiales para discipulado cristiano de adultos pueden conseguirse llamando al departamento de servicio al cliente al 1-800-257-7744.

La cruz del discípulo

La cruz del discípulo proporciona un medio para visualizar y entender sus oportunidades y responsabilidades como discípulo de Cristo. La misma describe las seis disciplinas bíblicas de una vida cristiana equilibrada. *Vida discipular 1: La cruz del discípulo* interpreta los significados bíblicos de las disciplinas e ilustra detalladamente cómo dibujar la cruz del discípulo y explicarla.

Debido a que *Vida discipular 4: La misión del discípulo* se refiere a los elementos de la cruz del discípulo y que además sus trabajos semanales incluyen tareas relacionadas con las seis disciplinas, he aquí un breve panorama de la cruz del discípulo.

Como discípulo de Jesús, usted tiene:

1. un Señor como la primera prioridad de su vida;
2. relaciones: una relación vertical con Dios y una relación horizontal con los demás;
3. deberes: negarse a sí mismo, tomar su cruz cada día y seguir a Cristo;
4. recursos para que Cristo sea el centro de su vida: la Palabra, la oración, la comunión y el testimonio;
5. ministerios que se desarrollan a partir de los cuatro recursos: enseñanza/predicación, adoración/intercesión, cuidado mutuo, evangelización y servicio;
6. las disciplinas del discípulo: dedicarle tiempo al Maestro, vivir en la Palabra, orar con fe, tener comunión con los creyentes, testificar al mundo y ministrar a otros. Al practicar estos principios bíblicos, usted puede permanecer en Cristo y serle útil en su servicio.

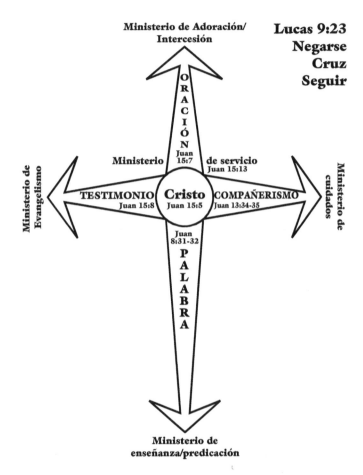

Maestro Constructor

Cualquiera puede ver cierta cantidad de manzanas en un árbol, pero no muchos pueden ver cierta cantidad de árboles en una manzana. Tal vez usted sea uno de los pocos que puedan ver más allá del aspecto externo de las personas para discernir su potencial supremo como discipuladores y colaboradores en el ministerio. Jesús vio más allá de las arenas movedizas que caracterizaban la persona de Simón y lo llamó Pedro, la roca. Bernabé vio más allá del inconstante Juan Marcos y dedicó su ministerio a desarrollar al futuro escritor del Evangelio de Marcos. Usted también puede llegar a ser un Maestro Constructor que ayuda a los discípulos a hacer otros discípulos que pueden ministrar juntos como colaboradores.

La misión de un discípulo es glorificar a Dios tal como Jesús lo hizo (vea Juan 17:1-4). Usted puede glorificar a Dios convirtiéndose en un discípulo de Jesucristo y haciendo discípulos que sean como Él. En Marcos 3:14-15, Jesús dijo que escogió a los doce para que estuvieran con Él. Ellos dedicaron los siguientes tres años a aprender a ser discípulos de Él. El pasaje bíblico sigue diciendo que el propósito de Jesús era enviarlos a predicar y echar fuera demonios, es decir, a cumplir con la misión de Cristo. Cuando Él lo llama a usted, sabe no sólo lo que llegará a ser, sino también cómo contribuirá para que otros se conviertan en discípulos de Él. Lo que Dios ha hecho en su vida, también lo puede lograr en la vida de otros por medio de usted. Por lo tanto, Jesús dijo que su Gran Comisión es para que nosotros hagamos discípulos en todas las naciones (vea Mateo 28:19-20).

Le explicaré una ilustración del proceso de discipulado denominada Maestro Constructor. Este método presenta un panorama de las etapas del desarrollo en la vida de un discípulo, describe lo que sucede en cada etapa y define las maneras en que el discipulador ayuda a los discípulos para que lleguen a ser lo que Cristo desea que sean.

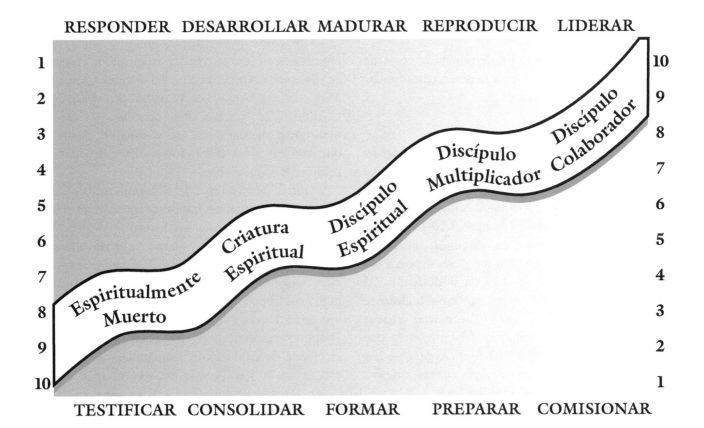

RESPONDER DESARROLLAR MADURAR REPRODUCIR LIDERAR

Espiritualmente Muerto — Criatura Espiritual — Discípulo Espiritual — Discípulo Multiplicador — Discípulo Colaborador

TESTIFICAR CONSOLIDAR FORMAR PREPARAR COMISIONAR

LA SENDA DEL CRECIMIENTO ESPIRITUAL

La senda en el diagrama representa su crecimiento espiritual. Observe que la senda sube y baja porque el crecimiento espiritual no es un proceso de constante ascenso. En algunas etapas usted crecerá rápidamente mientras que en otras estará estancado. Sin embargo, el discípulo debe tener una tendencia ascendente. En la parte superior se mencionan las tareas del discípulo como respuesta al discipulador.

Podemos identificar cinco etapas de crecimiento espiritual. Primero, las personas están **espiritualmente muertas** en sus pecados y no conocen a Cristo. Estos no pueden responder a Cristo si el Espíritu Santo no los atrae. Cuando Él convence a las personas y estas se arrepienten, invocan a Jesús y son salvas, convirtiéndose en **criaturas espirituales.** Las criaturas espirituales tienen muchas de las características que tienen los niños. A medida que se desarrollan, se convierten en **discípulos espirituales.** Cuando los discípulos maduran, se convierten en **discípulos multiplicadores,** ayudando a otros en el mismo proceso de crecimiento. Los discípulos multiplicadores siguen desarrollándose, y se convierten en **discípulos colaboradores** con otros discípulos, que continúan alcanzando a los perdidos y discipulando. La misión es desarrollar discípulos como lo hizo Jesús, para que estos hagan discípulos.

Al considerar este proceso, determine la etapa de su desarrollo espiritual. Decida también cómo puede ayudar a otros a desarrollarse.

EL EJEMPLO DE JESÚS

Pablo escribió: *Conforme a la gracia de Dios que me ha sido dada, yo como perito arquitecto puse el fundamento, y otro edifica encima; pero cada uno mire cómo sobreedifica. Porque nadie puede poner otro fundamento que el que está puesto, el cual es Jesucristo* (1 Corintios 3:10-11).

El ejemplo de Jesús para discipular ilustra el trabajo de un maestro constructor. Jesús ayudó a sus discípulos a crecer en cada etapa de su desarrollo. Al principio, cuando los llamó, estaban **espiritualmente muertos.** Jesús les dijo lo que el Padre decía y hacía. Constantemente daba testimonio del Padre en lo que enseñaba y hacía. En Juan 14:10 dijo: *Las palabras que yo os hablo, no las hablo por mi propia cuanta, sino que el Padre que mora en mí, él hace las obras.*

Usted debe hacer lo que Cristo hizo: dar testimonio de lo que Jesús ha hecho y de lo que Dios está haciendo en su vida. Aprovecha toda oportunidad para glorificar a Dios y para declarar que Él en su obra.

En las tareas del discípulo en el diagrama note que la persona espiritualmente muerta debe responder a la tarea del que le testifica. Esta respuesta depende de la condición del corazón. El que testifica no determina la respuesta. Mientras más las personas oigan testificar de Cristo, más probabilidades hay para que respondan.

Cuando las personas espiritualmente muertas reciben a Cristo, arrepintiéndose de sus pecados, nacen de nuevo y se convierten en **criaturas espirituales.** Cuando los discípulos comenzaron a seguir a Jesús, Él los instruyó en la fe y en su relación con el Padre y entre unos y otros. No obstante, como criaturas espirituales, los discípulos a menudo manifestaron conductas infantiles. Se disputaron quién sería más importante en el Reino de Dios. Se enfadaron con una aldea samaritana que no recibió a Jesús y amenazaron con mandar fuego del cielo para destruirla. Obraron impulsivamente y cometieron muchos errores. Sin embargo, Jesús continuó sustentándolos para poder presentarlos al Padre. Según Juan 17:6, Jesús oró: *He manifestado tu nombre a los hombres que del mundo me diste; tuyos eran, y me los diste, y han guardado tu palabra.* Jesús ayudó al crecimiento de estas criaturas espirituales.

Jesús desea que usted instruya a las criaturas espirituales en la vida cristiana hasta que se conviertan en **discípulos.** Utilice la cruz del discípulo para ayudar a las criaturas espirituales a comenzar a desarrollarse. Cuando usted forma a otras personas, a veces tiene que repetir algunas cosas más de una vez. Jesús tenía que enseñar a los discípulos y corregirlo hasta que finalmente lo entendían.

La siguiente etapa es la del **discípulo multiplicador.** Jesús espera que sus discípulos se reproduzcan en otros discípulos. La tarea de un maestro constructor es capacitar a los discípulos para que, a su vez, discipulen a otros. Capacitarlos va más allá de la enseñanza porque estas personas entenderán los conceptos tan bien que podrán adaptarse a cualquier situación para cumplir una tarea. Eso es lo que Jesús hizo con sus discípulos. Después de ascender a los cielos, el Espíritu Santo obró en la vida de los discípulos ayudándolos a recordar las enseñanzas de Jesús, con las cuales formarían a otros.

Un discípulo multiplicador debe estar capacitado para reproducirse. Dios se manifestó en Jesús no sólo para revelarse al mundo sino para que Jesús fuera el primero entre muchos hermanos (vea Romanos 8:29). Jesús dedicó tres años con los doce discípulos, para discipularlos y para que ellos pudieran hacer discípulos en todas las naciones. Por medio del discipulado, Jesús lo prepara a usted no solamente para su beneficio sino también para producir más discípulos también para producir más discípulos.

En la etapa siguiente, el maestro constructor comisiona a los discípulos como **discípulos colaboradores**. Cuando Jesús llamó a los discípulos para que lo siguieran, manifestó que deseaba que estuvieran con Él. Cuando terminó de discipularlos, les dijo que fueran a todas las naciones para hacer discípulos y que Él estaría con ellos. Los discípulos se constituyeron en discípulos colaboradores de Cristo en el ministerio. Dios se propuso bendecir a todas las naciones del mundo a través de ellos. Como discípulos colaboradores, formaron un equipo que se multiplicaba continuamente.

EL EJEMPLO DE LOS DISCÍPULOS

Los discípulos también siguieron el proceso del maestro constructor. Primero testificaron a personas **espiritualmente muertas** que habían crucificado al Señor Jesús (vea Hechos 2:23). Dijeron que debían testificar en el nombre de Jesús, aunque esto les costara ir a la cárcel. Testificaron que habían visto al Señor, que lo conocían y experimentaron la vida con Él. Como respuesta, más de tres mil personas recibieron a Cristo en Pentecostés.

De inmediato, los discípulos comenzaron a instruir a las **criaturas espirituales**. Hicieron lo mismo que Cristo había hecho con ellos:

Y perseveraban en la doctrina de los apóstoles, en la comunión unos con otros, en el partimiento del pan y en las oraciones. Y sobrevino temor a toda persona; y muchas maravillas y señales eran hechas por los apóstoles. Todos los que habían creído estaban juntos; y tenían en común todas las cosas; y vendían sus propiedades y sus bienes, y lo repartían a todos según la necesidad de cada uno (Hechos 2:42-46).

Las miles de personas que respondieron al evangelio comenzaron a desarrollarse como **discípulos** mientras los discípulos las seguían instruyendo. En Hechos 6:3, seleccionaron a siete varones *llenos del Espíritu Santo y de sabiduría* para ministrar. Los discípulos siguieron capacitando a los creyentes hasta que estos se constituyeron en **discípulos multiplicadores**. En Hechos 8, Felipe, uno de los siete, fue a Samaria y proclamó el evangelio a los samaritanos. Luego el Espíritu Santo lo llevó al desierto para testificar al eunuco etíope. Al llegar la persecución, Hechos 8:4 dice que *los que fueron esparcidos iban por todas partes anunciando el evangelio.* Los discípulos que fueron esparcidos se sintieron **discípulos colaboradores** y comenzaron a multiplicarse.

EL EJEMPLO DE PABLO

Pablo persiguió la iglesia hasta aquella experiencia que cambió su vida en el camino a Damasco, él respondió a Cristo. Dios envió a Ananías para que Pablo comprendiera lo que había sucedido y para comenzar a instruirlo como una **criatura espiritual.** Pablo creció rápidamente y comenzó a testificar y a predicar. Fue a Jerusalén donde Bernabé empezó a instruirlo en la fe. Entonces, Pablo fue a Arabia por tres años, donde el Señor lo capacitó y lo instruyó. Después de madurar en la fe y convertirse en **discípulo espiritual**, Pablo regresó a Tarso y comenzó a hacer discípulos.

Unos 10 años después, Bernabé fue llamado a Antioquía para ayudar a los creyentes gentiles que habían recibido a Cristo. Al recordar a Pablo, Bernabé viajó las 120 millas que lo separaban de Tarso para encontrarlo. Trajo a Pablo de regreso a Antioquía, y ambos enseñaron a los nuevos creyentes durante un año. Bernabé capacitaba a Pablo para convertirlo en un **discípulo multiplicador**. A medida que los discípulos se multiplicaban, Dios bendijo ese ministerio y los llamó para llevar el evangelio a otras naciones. La iglesia de Antioquía los comisionó para llevar el evangelio a quienes todavía no lo habían oído. Marcharon, como **discípulos colaboradores**, a multiplicar a los discípulos.

Pablo continuó el mismo proceso para desarrollar espiritualmente a los discípulos multiplicadores y a los discípulos colaboradores. Timoteo fue un individuo que creyó en Cristo, comenzó a desarrollarse, a madurar y a reproducir espiritualmente a medida que Pablo lo instruía, y lo capacitaba. Más adelante, Pablo le escribió a Timoteo: *Lo que has oído de mí ante muchos testigos, esto encarga a hombres fieles que sean idóneos para enseñar también a otros* (2 Timoteo 2:2). Así se representan cinco generaciones de discípulos: Bernabé discípulo a Pablo. Pablo discípulo a Timoteo. Timoteo debía discipular a hombres fieles quienes su vez, también debían enseñar a otros. Pablo no sólo experimentó este proceso sino que además lo enseño y mandó a Timoteo que lo practicara.

Actualmente Dios obra de esa manera. Alguien le testificó a usted, y usted respondió. Después de hacerlo, usted se constituyó en una criatura espiritual que otros instruyeron y formaron. A través de *Vida discipular* usted se capacita para asociarse con otros como discípulos colaboradores a fin de multiplicarse en otros discípulos hasta el fin del mundo.

Pablo proporcionó tres ilustraciones sobre cómo trabajar como maestro constructor. Tales analogías revelan el proceso de crecimiento espiritual y ayuda en el crecimiento de otros.

Un *niño*. Pablo escribió: *Os di a beber leche, y no vianda; porque aún no erais capaces, ni sois capaces todavía* (1 Corintios 3:2). Ver cómo una persona participa del alimento espiritual diagnostica en qué etapa del crecimiento está. Las personas espiritualmente muertas no comen ni asimilan la Palabra de Dios. Las criaturas espirituales no pueden alimentarse solos. Hay otros, como un maestro de la Escuela Dominical, el pastor, los libros, que son quienes los alimentan con la Palabra en forma sencilla para que puedan entenderla. Sin embargo, los discípulos espirituales pueden alimentarse solos. Aunque siguen beneficiándose de otros, aprenden a estudiar la Biblia solos para crecer y madurar. Cuando los creyentes se convierten en discípulos multiplicadores, se interesan en alimentar a otros. Quieren ayudarlos a crecer como también ellos crecieron. Los colaboradores en el ministerio se concentran en multiplicar el alimento para que las multitudes puedan alimentarse del evangelio.

Un *campo*. Pablo escribió: *Yo planté, Apolos regó; pero el crecimiento lo ha dado Dios.* (1 Corintios 3:6). Alguien debe plantar la semilla al testificar. La parábola de Jesús en Mateo 13:1-9 demuestra que el crecimiento de la semilla depende de cómo responde la tierra. Dios atrae a las personas para que éstas puedan responderle. Si reciben la semilla de la Palabra en su corazón, tienen vida eterna. Luego se les riega para que comiencen a crecer. A medida que se desarrollan, usted sigue labrando la tierra enseñándolos hasta que maduren. Ellos crecen y fructifican. Cuando este fruto ha madurado, cae en la tierra y muere, pero al hacerlo se multiplica. Jesús dijo: *Si el grano de trigo no cae en la tierra y muere, queda solo; pero si muere, lleva mucho fruto* (Juan 12:24). la semilla comienza a reproducirse y multiplicarse, y Dios recibe la gloria.

Un *constructor*. Pablo dijo que él era un maestro constructor sabio, pero que otro había echado los cimientos. En 1 Corintios 3:12-16 él escribió:

Y si sobre este fundamento alguno edificare oro, plata, piedras preciosas, madera, heno, hojarasca, la obra de cada uno se hará manifiesta; porque el día de la declarará, pues por el fuego será revelado; y la obra de cada uno cuál sea, el fuego la probará. Si permaneciere la obra de alguno que sobreedificó, recibirá recompensa. Si la obra de alguno se quemara, él sufrirá pérdida, si bien él mismo será salvo, aunque así como por fuego. ¿No sabéis que sois templo de Dios, y que el Espíritu de Dios mora en vosotros?

Después de haber echado el cimiento testificando, usted comienza a instruir a la nueva criatura en Cristo. Cuando dicha persona comienza a desarrollarse, usted la forma y la edifica para que se constituya en discípulo espiritual. El templo espiritual sigue creciendo hasta que se establecen otros templos espirituales (congregaciones). Mientras se siguen multiplicando, la iglesia de Cristo se cultiva en todos los pueblos.

APLICACIÓN DEL MAESTRO CONSTRUCTOR

He aquí varias pautas que usted puede aprender de la presentación del Maestro Constructor.

1. Mientras usted se desarrolla espiritualmente, ayude a otro creyente a superar las etapas que usted ya ha experimentado. Por ejemplo, hasta una criatura espiritual puede testificarle a una persona espiritualmente muerta. Un discípulo espiritual puede establecer a una criatura espiritual. Un discípulo multiplicador puede formar un discípulo espiritual. Un discípulo colaborador puede preparar a un discípulo multiplicador. Al formar a otro creyente en la etapa que usted ya ha superado, usted aprende más sobre la misma y la incorpora mejor a su vida.

2. Simultáneamente, ayude a creyente en diferentes etapas, aunque tal vez su ministerio se concentre

en creyentes de una etapa específica. Si usted es una discípulo multiplicador, puede dedicar la mayor parte del tiempo a formar discípulos espirituales, pero nunca deje de testificarle a los espiritualmente muertos ni de instruir a las criaturas espirituales. Usted es el modelo para las personas que forma. Si deja de testificar regularmente a los que está enseñando, estos tendrán la tendencia de dejar de testificar. Mientras usted ayuda a los discípulos a desarrollarse espiritualmente, anímelos a discipular a otros creyentes que estén en cada etapa que ya ellos hayan experimentado.

3. Dios se vale de usted solamente como un componente del proceso del discipulado. Dios es el gran Maestro constructor. Él también se vale de la iglesia, el ambiente, los grupos de discipulados y otros colaboradores para contribuir al crecimiento de los demás. Usted no es el responsable absoluto de sus fracasos o triunfos. Usted no trabaja solo. Trabaja con otros colaboradores que llegarán a ser lo que Dios se propuso que fueran.

4. Mantengan la visión de lo que Dios desea lograr por medio de usted y de los que usted forma. Siga examinando las necesidades de los creyentes en cada etapa y mantenga su vista más allá de dichas necesidades para comprender el propósito de Dios. En cada etapa haga una pregunta diferente:

   - ¿Qué haría posible que esta persona espiritualmente muerta recibiera el evangelio?
   - ¿Qué haría posible que esta criatura espiritual tuviera hambre espiritual?
   - ¿Qué haría posible que este discípulo espiritual deseara crecer hacia su madurez?
   - ¿Qué haría posible que este discípulo multiplicador se preocupara por el crecimiento espiritual y la multiplicación de otros discípulos?
   - ¿Qué haría posible que este discípulo colaborador se concentrara en la extensión del reino y en una visión mundial de la misión de Dios?

   A medida que los discípulos muestren más interés déles más tiempo y ayuda. Las tendencias naturales son desatender al que crece y ayudar a los que no crecen. Siga concentrándose en aquellos que crecen para producir discípulos multiplicadores y colaboradores que puedan ayudar a los espiritualmente muertos y a las criaturas espirituales.

5. Transfiera sus responsabilidades a la persona que está discipulando a medida que compruebe su desarrollo.

Observe los números del 1 al 10 a los costados del diagrama del Maestro Constructor. Los números de la izquierda reflejan la responsabilidad del discipulador y los números de la derecha reflejan las responsabilidades del discípulo. Las responsabilidades del discipulador y del discípulo cambian gradualmente a medida que el discípulo crece.

- Con el que está espiritualmente muerto, el discipulador tiene una responsabilidad de 9 ó 10, mientras que el espiritualmente muerto tiene una responsabilidad de sólo 1 ó 2.
- Con una criatura espiritual, el discipulador tiene una responsabilidad de 7 u 8, mientras que la criatura espiritual tiene una responsabilidad de 3 ó 4.
- En el discípulo espiritual, tanto el discipulador como el discípulo tienen responsabilidades de 5 ó 6.
- En el caso del discípulo multiplicador, el discipulador tiene una responsabilidad de 3 ó 4, y el discípulo multiplicador tiene una responsabilidad de 7 u 8.
- En el caso del discípulo colaborador, el discipulador tiene una responsabilidad de sólo 1 ó 2, mientras que el discípulo colaborador tiene una responsabilidad de 9 ó 10. En esta etapa, el creyente ya trabaja solo, con escaso contacto y el aliento por parte del discipulador.

6. No procure omitir etapas en este proceso de desarrollo espiritual. Algunos creyentes quieren constituirse en líderes antes de ser seguidores, con lo cual se erigen en discípulos colaboradores que todavía manifiestan características de la criatura espiritual.

Continúe haciendo discípulos hasta que todo el mundo haya tenido la oportunidad de oír el evangelio de Cristo y de convertirse en discípulos de Él. Algún día nos reuniremos con los redimidos de toda tribu, lengua, pueblo y nación para glorificar a Dios. Santiago 5:7-8 dice: *Por tanto, hermanos, tened paciencia hasta la venida del Señor. Mirad cómo el labrador espera el precioso fruto de la tierra, aguardando con paciencia hasta que reciba la lluvia temprana y la tardía. Tened también vosotros paciencia, y afirmad vuestros corazones; porque la venida del Señor se acerca.* Eso será cuando se haya cumplido la misión de Cristo.

El Evangelio en la mano

Esta sencilla presentación del evangelio usa un versículo bíblico para presentar el evangelio en la persona inconversa. La misma consiste en una serie de preguntas y respuestas sobre cada palabra de Romanos 6:23. Si usted puede haber que la persona piense en el significado de cada palabras o concepto de este versículo, lo que siente y cómo se relaciona a otras ideas, el Espíritu Santo puede usar las preguntas para convencer a la persona. Espere su respuesta. Estas le revelarán el estado espiritual de la persona, y lo preparará para responder correctamente. Afirme lo que pueda y aclare los significados de las palabras.

La siguiente presentación es la que usted hará a la persona inconversa. Encontrará las instrucciones entre paréntesis para ir dibujado el diagrama de la mano paso por paso.

Porque la paga del pecado es muerte, mas la dádiva de Dios es vida eterna en Cristo Jesús (Romanos 6:23).

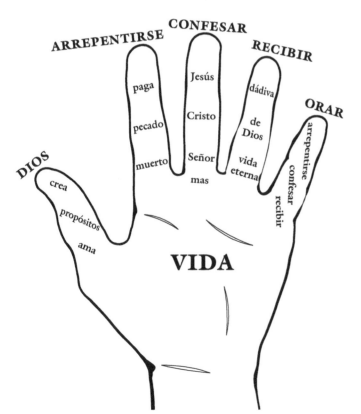

A medida que hablemos le dibujaré una mano para ilustrar lo que voy a decirle. (Sobre una hoja de papel ponga la palma de su mano izquierda hacia arriba o la palma de la mano derecha hacia abajo para dibujar el contorno). Esto es una ilustración de la vida, la vida como Dios la planeó, la vida como realmente es, y la vida que Dios ha vuelto a crear. Usaré un versículo de la Biblia para representarle con claridad el plan de Dios para nuestras vidas. ¿Quisiera leer Romanos 6:23 mientras yo lo escribo? (Abra su Biblia en Romanos 6:23 y désela a la persona para que lea el versículo en voz alta mientras que usted lo escribe en el centro de la página). (Escriba Dios arriba del dedo pulgar, y dentro del dedo: crea, propósito y ama, y VIDA en el centro de la palma). Dios tiene el mundo entero, incluyéndonos a usted y a mí, en sus manos. El dedo pulgar lo representará a usted. Él creó el mundo, y también lo creó a usted. Dios lo ama y tiene un propósito para su vida. (Señale la palabra VIDA en la palma). Él quiere que usted tenga una vida plena y significativa. Quiere darle la vida eterna, una vida que durará para siempre. Dios quiere que usted tenga vida y que viva bajo su protección y guía.

Sin embargo, Dios no siempre aprueba lo que ve en su vida. Yo pude entender esto al ver el pasado de mi vida. Me doy cuenta que nunca satisface mis expectativas, ni las expectativas de Dios. ¿Alguna vez se sintió usted de esta manera? (Espere una respuesta).

PAGA

Este versículo explica lo que está mal: *La paga del pecado es muerte.* (Subraye la palabra *paga* en el versículo. Escriba la palabra *paga* dentro del dedo índice en la parte superior). ¿Cómo definiría usted la palabra *paga*? (Espere una respuesta). La paga es la ganancia por el trabajo realizado. ¿Cómo se sentiría usted, si llegara el día de pago y su jefe se negara a pagarle lo que le debe? (Espere una respuesta). Todos sabemos que es correcto que una persona reciba lo que merece. Todos ganaremos la paga de acuerdo a la manera en que hemos vivido.

PECADO

(Subraye *pecado* en el versículo y escríbala en el medio del dedo índice). El dedo índice representa el pecado. ¿Qué piensa usted al escuchar la palabra *pecado*? (Espere una respuesta. Cada vez que sea posible muéstrese de acuerdo con la persona y agregue la información necesaria para que la persona reconozca su pecado). El pecado puede ser muchas cosas. Es no cumplir la ley de Dios, desobedecer lo que Él le dice que haga. Es hacer lo incorrecto o una actitud.

En Jesús vemos claramente la gloria de Dios. Si Jesús estuviese aquí en persona, ¿usted diría que es tan bueno como Él? (Espere una respuesta). Claro que no. Ninguno de nosotros es responsable de sus pecados. Nacemos con la tendencia a pecar. Desafortunadamente, preferimos hacer las cosas a nuestro modo, en lugar de hacerlas como Dios quiere y esta es la esencia del pecado.

¿En algún momento de la vida le ha parecido que Dios está distante? (Espere una respuesta). El pecado lo separa de Dios. Imagínese que algún miembro de su familia rompió un objeto de mucho valor y muy preciado por usted. ¿Crearía este hecho un problema en la relación o lo distanciaría? (Espere una respuesta). No importa cómo usted reaccione, sus pecados crean una separación entre usted y Dios.

MUERTE

(Subraye *muerte* en el versículo y escríbala en la parte inferior del dedo índice). ¿En qué piensa cuando se menciona la palabra *muerte*? (Espere una respuesta). Muerte implica separación, separación de Dios. Si elige rechazar a Dios mientras tiene vida, esa separación se extenderá hasta la eternidad. La separación resultara en un eterno tormento en el infierno. Experimentará una separación de Dios hoy, y para siempre en el infierno.

El dedo índice se usa para señalar. Piense cuántas veces usó su dedo para señalar algo o a alguien de forma acusativa. Yo siento que Dios me señala con su dedo y me dice: "Tú has pecado y mereces la muerte".

MAS

(Subraye *mas* en el versículo y escríbala en la palma de la mano debajo del dedo del medio). Hasta ahora solo le he dado malas noticias. Pero Dios tiene buenas noticias para usted. La próxima palabra en el versículo es *mas* (que

significa "pero"). Esta es una palabra muy importante del versículo porque indica que aún hay esperanza para usted, aunque haya pecado y merezca la muerte y el infierno. Ahora verá qué hizo Dios para reparar el mal que usted ha hecho. Dios entra en el cuadro para cumplir su propósito y darle vida eterna. Quiero mostrarle el propósito completo de Dios para usted.

DÁDIVA

(Subraye *dádiva* en el versículo y escríbala en la parte superior del dedo anular. Señale lo que está escrito en el dedo índice y lo que está escrito en el anular para contrastar lo que hemos hecho con lo que Dios hace). ¿Cuál es la diferencia entre la dádiva y la paga? (Espere una respuesta). Un regalo no se gana, pero alguien ya pagó por él. Algunas personas tratan de ganarse el favor de Dios y la vida eterna por medio de las obras que hacen, o viviendo moralmente, o participando en actividades religiosas o de caridad.

Imagine que usted compra un regalo muy especial a un amigo para demostrarle que lo aprecia mucho. ¿Cómo se sentiría si para aceptar el regalo ese amigo quisiera pagárselo? (Espere una respuesta). Así se siente Dios cuando usted trata de ganarse la vida eterna. La vida eterna es un regalo de Dios, y usted no puede hacer nada para ganársela. (Presente su lápiz o pluma en la mano, como si se lo fuera a ofrecer a la persona). Imagine que yo le quiera dar esta pluma y le diga: "Le daré esto si usted me paga los impuestos que he pagado por él". "¿Es eso un regalo? Tal vez tendría muy buen precio, pero no sería un regalo".

DE DIOS

(Subraye *de Dios* en el versículo y escríbalas en el medio del dedo anular. Señale el contraste entre *pecado* en la parte izquierda de la mano y *de Dios* en la derecha). Todos hemos pecado, pero Dios es perfecto y nunca ha pecado. Dios quiere darle un regalo, una dádiva. No se la puedo dar yo. Ni tampoco se la puede dar la iglesia. Ni siquiera usted puede ganársela. Nadie, con excepción de Dios, puede darle ese regalo. El regalo de Dios es vida eterna. ¿Por qué cree usted que Dios quiere darle a alguien un regalo? (Espere una respuesta). Dios quiere darle a usted el regalo de la vida eterna porque lo ama.

VIDA ETERNA

(Subraye *vida eterna* en el versículo y escríbalas en la parte inferior del dedo anular. Señale el contraste entre *muerte* a la izquierda de la mano y vida eterna a la derecha). ¿Qué es la vida eterna? (Espere una respuesta). La vida eterna es una relación con Dios para siempre. Tal como la separación de Dios, o la muerte, comienza en esta vida y se extiende hacia la eternidad, la vida eterna comienza en este momento y continúa para siempre.

Nada puede separarnos de Dios después que usted haya aceptado este regalo que Él le ofrece.

CRISTO

(Subraye *Cristo* en el versículo y escríbala en el centro del dedo del medio). El dedo del medio representa a Cristo. Fíjese que este dedo es el más alto de todos y se encuentra en el medio de todos. De igual manera, Jesús es Señor de todo y el centro del propósito de Dios. Fíjese que el dedo del medio se encuentra entre el índice y el anular. Usted debe ir a través de Cristo, el unigénito Hijo de Dios. La única manera de reunir a Dios y al pecador era que Dios diera a su único Hijo para morir en la cruz. Solamente Él era el único que podía comprar este regalo con su vida para darle la vida eterna.

Cada nombre de Jesús tiene un significado especial para aquellos que quieren la vida eterna. *Cristo* es el nombre celestial de Jesús. Significa *Mesías, Rey, el Ungido*. El Rey celestial deja que lo crucifiquen en la cruz por los pecados suyos. Usted debería haber muerto a causa del pecado, pero Él murió en el lugar suyo.

JESÚS

(Subraye *Jesús* en el versículo y escríbala en la parte superior del dedo del medio). *Jesús* es el nombre terrenal del unigénito Hijo de Dios. Jesús tuvo que dejar a su Padre celestial para encarnarse como ser humano y poder salvarlo a usted. Él sufrió tentaciones y aprendió a ser obediente, como usted, pero Él nunca pecó.

SEÑOR

(Subraye *Señor* en el versículo y escríbala en la parte inferior del dedo del medio). *Señor* significa que Jesús se levantó de la muerte, venciendo la muerte, el infierno y Satanás. La Biblia dice que Jesús es el Señor sobre todo y que un día todos se inclinarán ante Él y confesarán que Él es el Señor.

¿Cómo obtiene usted esta vida eterna que Jesús le ofrece? Para que Jesús sea el Salvador y el Señor, usted debe confiar su vida por completo a Él. Esto sucede cuando usted hace tres cosas:

SE ARREPIENTE

(Escriba se *arrepiente* sobre el dedo índice). Recuerde que el índice representa el pecado. Primero debe arrepentirse de sus pecados. ¿Qué significado tiene la palabra *arrepentirse*? (Espere una respuesta). Arrepentirse significa que usted da media vuelta y sigue a Cristo. En el pasado usted ha andado según su deseos y se ha alejado de Dios. *Arrepentirse* significa dar media vuelta y dejar la dirección que lleva. Es como si estuviera yendo en un camino cuesta abajo y de pronto se diera cuenta que ha tomado la dirección equivocada. Entonces da la vuelta y comienza a andar en la dirección opuesta. *Arrepentirse* significa que usted reconoce que ha pecado y que iba camino a la muerte. Así que se detiene, y se vuelve a Cristo, yendo al camino de Dios. Usted se compromete con Cristo como su Salvador y Señor y le pide a Él que cambie el patrón de su vida. Usted le pide perdón a Dios y se vuelve a Él.

CONFIESA

(Escriba *confiesa* sobre el dedo del medio). Recuerde que el dedo del medio representa a Cristo. Usted confiesa a Cristo como su Salvador y Señor y cree en su corazón que Él murió por sus pecados y que Dios lo levantó de los muertos.

RECIBE

(Escriba *recibe* sobre el dedo anular). Recuerde que el dedo anular representa la vida eterna. Cuando usted recibe a Cristo como su Salvador y Señor, recibe la vida eterna. Usted comienza una nueva relación con Dios y también comienza a experimentar una vida nueva y eterna. Cuando un hombre le propone matrimonio a una mujer, generalmente le da un anillo como una promesa de su amor. ¿Qué tiene que hacer ella para que ese anillo le pertenezca? (Espere una respuesta). El anillo es de ella solo cuando lo recibe y se compromete a serle fiel. El regalo de la vida eterna es suyo cuando usted recibe a Jesús como su Salvador y Señor, y se compromete a seguirlo por el resto de su vida.

ORA

(Escriba *ora* sobre el dedo meñique). Usted comienza esta nueva relación con Dios por medio de la oración. El dedo meñique lo representa a usted en oración. Tal vez se sienta pequeño, y piense que no merece pedirle a Cristo que lo salve. Nadie merece la salvación. Pero Él está deseoso y espera que usted se lo pida. Él dice que cualquiera que confiese su nombre será salvo. En su oración dígale a Dios que se arrepienta de sus pecados, confiese a Jesucristo como su Salvador y Señor, y reciba el regalo de la vida eterna.

(Escriba *arrepentirse, confesar, recibir* en el meñique). (Señale VIDA en la palma de la mano). En el momento en que usted ora diciéndole a Dios que se arrepiente de su pecado, confiesa a Jesucristo como Señor y Salvador y lo recibe en su corazón, Él inmediatamente le brinda una nueva vida y usted vuelve a nacer espiritualmente.

CONCLUSIÓN

Lo que hemos dicho, ¿tiene sentido para usted? (Espere una respuesta). Basándonos en lo que le he explicado, ¿qué debe hacer una persona para tener una nueva relación con Dios y recibir su regalo de la vida eterna? (Espera una respuesta). ¿Alguna vez hizo usted eso? (Espere una respuesta). ¿Quiere arrepentirse de su pecado y depositar su fe en Jesucristo en este momento? (Espere una respuesta. Si es afirmativa, siga adelante. Si es negativa, siga las instrucciones de la sección titulada "Cómo guiar a alguien hacia una decisión de fe" en la p. 79).

Todo lo que necesita hacer es pedirle a Jesús perdón por sus pecados y pedirle que entre en su vida como Salvador y Señor. Usted puede hacerlo en este mismo momento. Puede orar con sus propias palabras. Si no puede hacerlo, yo lo ayudaré. ¿Le gustaría inclinar la cabeza conmigo y hablar con Jesús ahora? Yo oraré primero, y luego usted lo hará con sus palabras. Dios conoce su corazón y entenderá lo que usted quiere decirle.

Lista para el pacto de oración

Pedido	Fecha	Promesa bíblica	Respuesta	Fecha

Índice de relaciones

Mi índice de relaciones con _____

COMUNICACIÓN
Ella/Él

Nada   +——+——+——+——+——+   Todo

I

ESCUCHAR
Ella/Él

Mal oyente   +——+——+——+——+——+   Buen oyente

I

CUIDADO MUTUO
Ella/Él

Destructivo   +——+——+——+——+——+   Edificante

I

AFIRMACIÓN PERSONAL
Ella/Él

Critica   +——+——+——+——+——+   Halagador

I

ESPIRITUAL
Ella/Él

Distante   +——+——+——+——+——+   Allegado

I

DESARROLLO
Ella/Él

Manipulador   +——+——+——+——+——+   Permisivo

I

FÍSICO
Ella/Él

Indiferente   +——+——+——+——+——+   Afectuoso

I

El inventario del discípulo[1]

Este inventario mide el nivel de funcionalidad discipular de los individuos, los grupos y las iglesias. Al usar este inventario, los creyentes pueden evaluar su desarrollo considerando las características del discípulo en el Nuevo Testamento en las siguientes categorías: actitud, conducta, relaciones, ministerio y doctrina.

Siga las instrucciones para completar el inventario:

- Responda a cada declaración con toda sinceridad. Elija la respuesta que con más claridad refleje su vida como es, no como le gustaría que fuera.
- Elija una respuesta para cada declaración.
- Note los cambios en los tipos de respuestas de una sección a la otra.
- No le dedique mucho tiempo a ninguna pregunta en particular.

¿Cuán ciertas son cada una de estas declaraciones para usted? Elija una de estas respuestas:

1 = nunca es cierto   4 = con frecuencia es cierto
2 = rara vez es cierto   5 = casi siempre es cierto
3 = algunas veces es cierto

1. Me esfuerzo por vivir de acuerdo a las enseñanzas morales y éticas de la Biblia. **1 2 3 4 5**
2. Estudiar la Biblia ha producido cambios importantes en mi modo de vida. **1 2 3 4 5**
3. Mi fe modela mi manera de pensar y vivir cada día. **1 2 3 4 5**
4. Hablo con otras personas acerca de mi fe en Cristo como Señor y Salvador. **1 2 3 4 5**
5. Dedico tiempo a orar y meditar. **1 2 3 4 5**
6. Dios me ha perdonado, y por eso yo puedo perdonar a otros cuando me ofenden. **1 2 3 4 5**
7. Mientras interactúo con otros durante la vida cotidiana, busco oportunidades para hablarles de Jesucristo. **1 2 3 4 5**
8. Mis vecinos y compañeros de trabajo saben que soy creyente. **1 2 3 4 5**
9. Me esfuerzo para demostrar amor a las personas que conozco **1 2 3 4 5**
10. Cuando reconozco que desobedecí una enseñanza de la Biblia, subsano el error. **1 2 3 4 5**
11. Oro pidiendo la ayuda de Dios cuando tengo necesidades o problemas. **1 2 3 4 5**
12. Comparto mis sentimientos y necesidades con mis amigos creyentes. **1 2 3 4 5**
13. Guardo rencor si me tratan injustamente. **1 2 3 4 5**
14. Dedico tiempo a la lectura y estudio de la Biblia. **1 2 3 4 5**
15. Me gusta adorar y orar con otros. **1 2 3 4 5**
16. Uso mis dones y talentos para servir a otros. **1 2 3 4 5**
17. Cuando me doy cuenta que he ofendido a alguien, voy a esa persona para admitir mi error y reparar el mal que he hecho. **1 2 3 4 5**
18. Oro por la salvación de mis amigos y conocidos que no son cristianos. **1 2 3 4 5**
19. Trato de resolver las barreras o problemas que pudiesen haber entre mis amigos y yo. **1 2 3 4 5**
20. Me siento incapaz en ayudar a otros. **1 2 3 4 5**

¿Con qué frecuencia, si es que alguna vez lo hizo, realiza lo siguiente? Elija una de estas respuestas:

1 = rara vez o nunca   4 = varias veces a la semana
2 = casi una vez al mes   5 = una vez al día o más
3 = casi una vez a la semana

21. Oro con otros creyentes, además de hacerlo en la iglesia. **1 2 3 4 5**
22. Participo en pequeños grupos de estudio bíblico, además de la Escuela Dominical. **1 2 3 4 5**
23. Oro o medito, no solo cuando estoy en la iglesia o antes de las comidas. **1 2 3 4 5**
24. Memorizo versículos o pasajes bíblicos. **1 2 3 4 5**
25. Estudio la Biblia por mi cuenta. **1 2 3 4 5**
26. Oro específicamente por las misiones y los misioneros. **1 2 3 4 5**

Indique en qué medida está de acuerdo o en desacuerdo con cada una de las siguientes afirmaciones. Elija una de estas respuestas:

1 = totalmente en desacuerdo
2 = casi en desacuerdo
3 = no estoy seguro
4 = casi de acuerdo
5 = totalmente de acuerdo

27. Es mi responsabilidad exponer el mensaje del evangelio a los allegados a mi vida que no son creyentes. 1 2 3 4 5
28. Después que una persona es salva, no puede perder su salvación. 1 2 3 4 5
29. Con frecuencia acepto la crítica constructiva y las correcciones de otros creyentes. 1 2 3 4 5
30. Creo que el Espíritu Santo está obrando en mi vida. 1 2 3 4 5
31. Si la persona busca a Dios sinceramente, puede obtener la vida eterna por medio de otras religiones que no son cristianas. 1 2 3 4 5
32. Sé cómo explicar el evangelio claramente a otra persona sin depender de un tratado evangelístico. 1 2 3 4 5
33. Un creyente debe considerarse responsable ante otros creyentes. 1 2 3 4 5
34. Un creyente debe buscar regularmente la manera de hablarles a otros de Jesús. 1 2 3 4 5
35. La salvación sólo es posible si se acepta a Jesucristo. 1 2 3 4 5
36. La manera en que vivo mi vida cristiana no es asunto de los demás. 1 2 3 4 5
37. El Espíritu Santo viene a la persona en el momento en que esta acepta a Jesús como Salvador. 1 2 3 4 5
38. Existe literalmente un lugar llamado el infierno. 1 2 3 4 5
39. Creo que tengo la responsabilidad de ayudar al pobre y al hambriento. 1 2 3 4 5
40. La plenitud del Espíritu Santo ocurre a través de una experiencia que generalmente es diferente y aparte de la experiencia de la conversión. 1 2 3 4 5

¿Cuántas horas del mes pasado le dedicó usted a cada una de las siguientes actividades, en la iglesia, en otras organizaciones o por su cuenta? No cuente el tiempo empleado en un trabajo por el que le paguen. Elija una de estas respuestas:

1 = 0 horas   4 = 6–9 horas
2 = 1–2 horas   5 = 10 horas o más
3 = 3–5 horas

41. Dedicó tiempo para ayudar a personas pobres, hambrientas, enfermas o incapaces de cuidarse (no cuente a los familiares). 1 2 3 4 5
42. Visitó a los visitantes de su iglesia. 1 2 3 4 5
43. Ayudó a amigos o vecinos con problemas. 1 2 3 4 5
44. Participó en algún ministerio o causa relacionada con las misiones (por ejemplo enseñando sobre las misiones, reuniendo dinero para las misiones, o trabajando como obrero voluntario para las misiones). 1 2 3 4 5
45. Visitó a personas en el hospital. 1 2 3 4 5
46. Dedicó tiempo a la iglesia para enseñar, dirigir, servir en un comité o colaborar en algún programa u ocasión especial. 1 2 3 4 5
47. Visitó los hogares de amigos creyentes. 1 2 3 4 5
48. Visitó a los ancianos o confinados en sus casas. 1 2 3 4 5

¿Cuán ciertas son cada una de estas declaraciones para usted? Elija una de estas respuestas:
1 = **absolutamente falsa**
2 = **en cierta medida falsa**
3 = **no estoy seguro**
4 = **mayormente cierta**
5 = **absolutamente cierta**

49. Soy receptivo y respondo a las enseñanzas bíblicas en mi iglesia. 1 2 3 4 5
50. Estoy dispuesto a recibir y perdonar a los que me ofenden. 1 2 3 4 5
51. Me siento amado y valioso para Dios. 1 2 3 4 5
52. Expreso una genuina alabanza y gratitud a Dios aunque esté atravesando una difícil circunstancia. 1 2 3 4 5
53. Evito relacionarme estrechamente con quienes me impiden expresar mis valores y principios cristianos. 1 2 3 4 5
54. Estoy totalmente consciente de que Dios me ha puesto en esta tierra para contribuir al cumplimiento de sus planes y propósitos. 1 2 3 4 5
55. Reconozco que todo lo que tengo pertenece a Dios. 1 2 3 4 5
56. Mi vida está llena de tensión y ansiedad. 1 2 3 4 5
57. Creo que Dios siempre suplirá mis necesidades básicas en la vida. 1 2 3 4 5
58. Me siento de alguna manera cohibido de hacerles saber a otros que soy creyente. 1 2 3 4 5
59. Evito situaciones en que me puedan tentar inmoralidades sexuales. 1 2 3 4 5
60. Estoy luchando en este momento por no poder perdonar a una persona. 1 2 3 4 5

61. Me siento muy inferior a los demás en la iglesia.
1 2 3 4 5

62. Busco primero a Dios para expresar mis valores y establecer mis prioridades. 1 2 3 4 5

63. Soy capaz de permanecer firme en el amor y la provisión de Dios aunque me encuentre en circunstancias muy difíciles. 1 2 3 4 5

64. Perdono a los que me ofendieron aunque no se hayan disculpado. 1 2 3 4 5

65. Ser creyente es un asunto privado que no necesita discutirse con otros. 1 2 3 4 5

¿Qué porcentaje de sus ingresos usó para contribuir el año pasado a cada una de las siguientes instituciones? Elija una de estas respuestas:

1 = 0%   4 = 6–9%
2 = 1–2%   5 = 10% o más
3 = 3–5%

66. A mi iglesia. 1 2 3 4 5

67. A otras organizaciones o grupos religiosos.
1 2 3 4 5

68. A organizaciones de caridad y beneficio a la comunidad. 1 2 3 4 5

69. A las misiones en el extranjero (mediante mi iglesia u otra organización). 1 2 3 4 5

Para las siguientes preguntas elija una de estas respuestas:

1 = ninguno   4 = la mayoría
2 = pocos   5 = todos
3 = varios

70. ¿Cuántos de sus amigos más cercanos considera inconversos? 1 2 3 4 5

¿Cuántas veces durante el año pasado experimentó las siguientes situaciones? Elija una de estas respuestas:

1 = nunca   4 = 6–9 veces
2 = una vez   5 = 10 veces o más
3 = 2–5 veces

71. Sintió la presencia de Dios claramente en su vida.
1 2 3 4 5

72. Le explicó a alguien cómo convertirse en un cristiano. 1 2 3 4 5

73. Invitó a una persona, que no va a ninguna iglesia, a asistir a la iglesia, un estudio bíblico o alguna actividad evangelística. 1 2 3 4 5

74. Experimentó la presencia del Espíritu Santo en la comprensión, guía o convicción de pecado.
1 2 3 4 5

75. Se reunió con un creyente nuevo para ayudarlo a crecer espiritualmente. 1 2 3 4 5

76. Contó a otros cómo Dios está obrando en su vida. 1 2 3 4 5

77. Oró con alguien para aceptar a Cristo. 1 2 3 4 5

78. Le dio un tratado evangelístico o literatura similar a algún inconverso. 1 2 3 4 5

Indique en qué medida está de acuerdo o en desacuerdo con cada una de las siguientes afirmaciones. Elija una de estas respuestas:

1 = totalmente en desacuerdo
2 = en desacuerdo
3 = no estoy seguro
4 = de acuerdo
5 = totalmente de acuerdo

79. Es muy importante que cada creyente sirva a otros. 1 2 3 4 5

80. Un día Dios me juzgará por la forma de usar mi tiempo, dinero y talentos. 1 2 3 4 5

81. Todos los creyentes deben seguir las enseñanzas bíblicas. 1 2 3 4 5

82. La Biblia es la fuente de autoridad y sabiduría para el diario vivir. 1 2 3 4 5

83. El creyente debe aprender a negarse a sí mismo para servir eficientemente a Cristo. 1 2 3 4 5

84. Tengo dificultades para aceptarme a mí mismo.
1 2 3 4 5

85. He identificado mi don espiritual principal.
1 2 3 4 5

86. Después de la muerte, el inconverso se va a un lugar llamado el infierno. 1 2 3 4 5

87. Todas las enseñanzas morales y éticas de la Biblia están vigentes para el creyente moderno. 1 2 3 4 5

88. Dedicarle tiempo a un ministerio específico en la iglesia es necesario para conversar el bienestar espiritual del creyente. 1 2 3 4 5

89. Creo que Dios siempre cumple sus promesas, no importa cuáles sean mis circunstancias. 1 2 3 4 5

90. Sin la muerte de Jesús, la salvación no sería posible. 1 2 3 4 5

91. La Biblia es una revelación de Dios completamente confiable. 1 2 3 4 5

Indique cuán bien preparado cree estar en las siguientes áreas. Elija una de estas respuestas:

1 = nada preparado   2 = algo preparado
3 = normalmente preparado
4 = adecuadamente preparado
5 = muy bien preparado

92. Presentar el plan de salvación. **1 2 3 4 5**
93. Ayudar a un creyente nuevo que necesita crecer y desarrollarse espiritualmente. **1 2 3 4 5**
94. Guiar a alguien a orar para recibir a Cristo. **1 2 3 4 5**
95. Visitar a miembros en perspectiva de la iglesia. **1 2 3 4 5**
96. Dirigir un pequeño grupo de estudio bíblico. **1 2 3 4 5**
97. Dar mi testimonio personal de cómo me convertí a Cristo. **1 2 3 4 5**

Indique con qué frecuencia en los dos o tres últimos años ha hecho lo siguiente.

1 = nunca   2 = pocas veces   3 = mensualmente
4 = semanalmente   5 = diariamente

98. Leer la Biblia solo. **1 2 3 4 5**
99. Poner en práctica las enseñanzas de la Biblia. **1 2 3 4 5**
100. Orar solo. **1 2 3 4 5**
101. Ayudar a personas necesitadas. **1 2 3 4 5**
102. Leer y estudiar la fe cristiana. **1 2 3 4 5**
103. Participar en estudios bíblicos, programas religiosos o en grupos fuera de la iglesia. **1 2 3 4 5**
104. Hacer los cambios necesarios cuando reconozco que un aspecto de mi vida no es bueno. **1 2 3 4 5**
105. Explicar a otro un discernimiento, idea, principio o guía de la Biblia. **1 2 3 4 5**
106. Experimentar el cuidado, amor y apoyo de otras personas de la iglesia. **1 2 3 4 5**
107. Tratar de alentar directamente a alguien para que crea en Jesucristo. **1 2 3 4 5**
108. Tratar de pasar tiempo cultivando la amistad con personas que no son creyentes. **1 2 3 4 5**

¿Cuán ciertas cree que son estas declaraciones? Elija una de estas respuestas:

1 = nunca es cierta   4 = generalmente es cierta
2 = rara vez es cierta   5 = casi siempre es cierta
3 = Algunas veces es cierta

109. Siento la presencia de Dios en mis relaciones con otras personas. **1 2 3 4 5**
110. Trato a las personas del sexo opuesto de una manera pura y santa. **1 2 3 4 5**
111. Cuando estoy convencido de haber pecado, estoy dispuesto a confesárselo a Dios. **1 2 3 4 5**
112. Por medio de la oración busco discernir la voluntad de Dios en mi vida. **1 2 3 4 5**
113. Estoy dispuesto a perdonar a otros porque sé que Dios me ha perdonado a mí. **1 2 3 4 5**
114. Ayudo a otros en sus luchas y preguntas sobre la religión. **1 2 3 4 5**
115. He aprendido por medio de la fe y las Escrituras cómo sacrificarme por el bienestar de los demás. **1 2 3 4 5**
116. Hablo de mis debilidades y faltas con aquellos que considero más cercanos. **1 2 3 4 5**
117. Generalmente soy la misma persona en privado que en público. **1 2 3 4 5**
118. Sigo la dirección de Dios cuando me da a conocer su voluntad específica para un área de mi vida. **1 2 3 4 5**
119. En situaciones específicas, por lo general prefiero buscar la voluntad de Dios en lugar de la mía. **1 2 3 4 5**
120. Soy honesto en mi trato con los demás. **1 2 3 4 5**
121. Oro regularmente por el ministerio de mi iglesia. **1 2 3 4 5**

¿Con qué frecuencia asiste a las siguientes actividades? Elija una de estas respuestas:

1 = nunca   4 = semanalmente
2 = pocas veces   5 = más de una vez a la semana
3 = mensualmente

122. Los cultos de adoración de mi iglesia. **1 2 3 4 5**
123. La clase de Escuela Dominical. **1 2 3 4 5**
124. Otros estudios bíblicos además de la Escuela Dominical. **1 2 3 4 5**
125. Grupos o reuniones de oración. **1 2 3 4 5**

Indique en qué medida está de acuerdo o en desacuerdo con cada una de las siguientes declaraciones. Elija una de estas respuestas:

1 = totalmente en desacuerdo
2 = casi en desacuerdo   4 = casi de acuerdo
3 = no estoy seguro   5 = totalmente de acuerdo

126. Dios realiza su obra primordialmente por medio de los creyentes de la iglesia local. **1 2 3 4 5**

127. Cristo designó iglesias locales como su medio ambiente para cuidar a los creyentes en la fe. **1 2 3 4 5**

128. El nuevo creyente debe experimentar el bautismo del creyente por inmersión antes de ser aceptado como miembro de la iglesia local. **1 2 3 4 5**

129. El bautismo y la cena del Señor son las ordenanzas de la iglesia local, y no deben practicarse fuera de la iglesia congregada. **1 2 3 4 5**

130. Toda persona nacida hereda la naturaleza pecaminosa como resultado de la caída de Adán, y por lo tanto, está separada de Dios y necesita un Salvador. **1 2 3 4 5**

131. Cada iglesia local es autónoma, con Jesucristo como su cabeza, y debe trabajar junto con otras iglesias para predicar el evangelio a todas las personas. **1 2 3 4 5**

132. Existe sólo un Dios verdadero y personal, que se revela a la humanidad como Dios Padre, Dios Hijo y Dios Espíritu Santo. **1 2 3 4 5**

133. Cristo volverá una segunda vez para recibir a sus fieles, vivos o muertos, y para dar al mundo el final apropiado. **1 2 3 4 5**

134. Jesucristo es el Hijo de Dios, que murió en la cruz por los pecados del mundo y fue resucitado de la muerte. **1 2 3 4 5**

135. Jesucristo, hecho carne durante su vida en la tierra, fue completamente Dios y completamente Hombre. **1 2 3 4 5**

136. ¿Cuán religiosos o espirituales puede decir que son sus 3 ó 4 mejores amigos? **1 2 3**
    1 = no muy religiosos
    2 = algo religiosos
    3 = muy religiosos

137. ¿Cuántos de sus amigos son creyentes declarados? **1 2 3 4 5**
    1 = ninguno   4 = la mayoría
    2 = pocos   5 = todos
    3 = varios

138. ¿Es usted hombre o mujer? **Hombre   Mujer**

139. Indique a qué grupo pertenece según su edad:
    1 2 3 4 5 6
    1 = 18–22   4 = 41–50
    2 = 23–30   5 = 51–60
    3 = 31–40   6 = 61 o más

140. He sido un miembro activo de la iglesia local. **1 2 3 4 5**
    1 = nunca
    2 = poco tiempo
    3 = la mitad de mi vida
    4 = gran parte de mi vida
    5 = toda mi vida en mi vida

141. ¿Cuánto tiempo hace que es creyente? **1 2 3 4 5 6**
    1 = menos de 1 año   4 = 6–10 años
    2 = 1–3 años   5 = 11–20 años
    3 = 4–5 años   6 = más de 20 años

142. Identificarse como miembro de una iglesia en el lugar donde se vive es. **1 2 3 4 5**
    1 = innecesario   4 = de gran valor
    2 = de poco valor   5 = imperativo
    3 = de cierto valor

143. ¿Ha participado alguna vez en un grupo de discipulado organizado? **Sí   No**
    Si respondió que sí, ¿en qué proceso discipular participó?

144. Vida discipular   **Sí   No**
145. Navegantes   **Sí   No**
146. Sígueme   **Sí   No**
147. Evangelismo Explosivo   **Sí   No**
148. Mi experiencia con Dios **Sí   No**
    Algún otro, escriba el nombre:
    _____

149. ¿Durante cuántas semanas estuvo participando en ese grupo? **1 2 3 4 5**
    1 = 0–5 semanas   4 = 16–25 semanas
    2 = 6–10 semanas 5 = Más de 25 semanas
    3 = 11–15 semanas

150. ¿Cuándo participó de este curso?
    Desde _____ hasta _____

151. ¿Este estudio fue patrocinado por su iglesia local? **Sí   No**
    Si respondió que no, ¿qué organización patrocinó el curso? _____

152. ¿Alguna vez lo discipuló otro creyente individualmente? **Sí   No**

____
1. James Slack y Brad Waggoner, *The Discipleship Inventory*, Richmond, Junta Internacional de Misiones de la Convención Bautista del Sur. Usando con permiso.

Inventario de los dones espirituales

Este inventario de los dones espirituales[1] tiene 86 asuntos. Algunos reflejan acciones, otros son características y otros son declaraciones de convicción. Al leer cada asunto del inventario, seleccione una de las respuestas.

5	Una característica predominante o absolutamente cierta de mí.
4	Me podría describir la mayoría de las veces o es cierto de mí.
3	Frecuente característica mía o es cierta casi el 50 por ciento de las veces.
2	Característica ocasional o es cierto casi el 25 por ciento de las veces.
1	No me caracteriza en absoluto ni es cierto.

En la línea escriba el número correspondiente a la respuesta que mejor lo describa.

No le dedique demasiado tiempo a un asunto. Esto no es examen, así que no hay respuestas incorrectas. Su respuesta inmediata es la mejor. Responda cada asunto. No omita ninguno.

____ 1. Tengo la habilidad de organizar con eficiencia: ideas, recursos, tiempo y personas.

____ 2. Estoy dispuesto a estudiar y prepararme para la tarea de enseñar.

____ 3. Soy capaz de asociar las verdades de Dios con situaciones específicas.

____ 4. Inspiro a las personas a obrar correctamente señalando las bendiciones para dicho proceder.

____ 5. Dios me ha dado la habilidad de ayudar a otros a crecer en la fe.

____ 6. Tengo una habilidad especial para comunicar la verdad de la salvación.

____ 7. Soy sensible al sufrimiento de las personas.

____ 8. Siento gozo al satisfacer necesidades.

____ 9. Me gusta estudiar.

____ 10. He anunciado mensajes de advertencia y juicio de parte de Dios.

____ 11. Puedo percibir la motivación de las personas y de los movimientos políticos, religiosos, etc.

____ 12. Confío en Dios ante situaciones difíciles.

____ 13. Deseo fervientemente contribuir al establecimiento de nuevas iglesias.

____ 14. Creo que Dios me ha utilizado como intermediario en un acontecimiento sobrenatural.

____ 15. Me gusta hacer algo por los necesitados.

____ 16. Soy sensible a las personas que sufren enfermedades físicas, mentales o emocionales.

____ 17. Puedo delegar y dar tareas valiosas a otros.

____ 18. Tengo la habilidad y el deseo de enseñar.

____ 19. Puedo analizar correctamente una situación.

____ 20. Tengo la tendencia de alentar a los demás.

____ 21. Estoy dispuesto a tomar la iniciativa para ayudar a otros creyentes a crecer en la fe.

____ 22. No temo testificar a los inconversos.

____ 23. Tengo un sentido de las emociones de los demás como la soledad, angustia, temor e ira.

____ 24. Soy un dador alegre.

____ 25. Dedico tiempo a analizar hechos.

____ 26. Siento que Dios me ha encomendado un mensaje para transmitirlo a otros.

____ 27. Reconozco cuando una persona es honesta o digna de confianza.

____ 28. Estoy dispuesto a someterme a la voluntad de Dios en lugar de cuestionarla y dudar.

____ 29. Me gustaría ser más activo para llevar el evangelio a los habitantes de otros países.

____ 30. Hacer algo para otros me hace feliz.

____ 31. Estoy dispuesto a ser un instrumento para curar los sufrimientos físicos, emocionales y mentales de otros.

____ 32. Logro que otros trabajen con alegría.

____ 33. Tengo la habilidad de planear métodos de aprendizaje.

____ 34. He podido ofrecer soluciones a los problemas que otros enfrentan.

____ 35. Puedo identificar a los que necesitan ánimo.

____ 36. He preparado a otros creyentes para ser discípulos más obedientes a Cristo.

____ 37. Estoy dispuesto a hacer todo lo necesario para que otros conozcan a Cristo.

____ 38. Me identifico con las personas que sufren.

____ 39. Doy con generosidad.

____ 40. Puedo descubrir nuevas verdades.

___ 41. Me siento obligado a hablar sobre mis percepciones espirituales de las Escrituras acerca de asuntos y personas.

___ 42. Sé cuando uno hace la voluntad de Dios.

___ 43. Confío en Dios aunque las condiciones sean difíciles.

___ 44. Deseo fervientemente llevar el evangelio a lugares donde nunca se haya escuchado.

___ 45. Otros han testificado de la obra de Dios en la vida de personas a quienes he ministrado.

___ 46. Me gusta ayudar a las personas.

___ 47. Comprendo las enseñanzas bíblicas acerca de la sanidad.

___ 48. He podido hacer planes eficientes y válidos para lograr las metas de un grupo.

___ 49. Comprendo la diversidad de modos en que las personas aprenden.

___ 50. Con frecuencia los hermanos en la fe me consultan cuando tienen dificultad para tomar decisiones difíciles.

___ 51. Suelo pensar cómo animar y reconfortar a otros en mi congregación.

___ 52. Puedo brindar orientación espiritual a los demás.

___ 53. Puedo presentar el evangelio a personas inconversas de manera tal que aceptan al Señor y su salvación.

___ 54. Tengo una capacidad excepcional para comprender el sentimiento de personas en crisis.

___ 55. Soy responsable en la mayordomía basado en el dominio de Dios sobre todas las cosas.

___ 56. Sé dónde obtener información.

___ 57. He transmitido a otras personas mensajes recibidos directamente de Dios.

___ 58. Reconozco si una persona obra bajo la dirección de Dios.

___ 59. Constantemente procuro mantenerme en la voluntad de Dios.

___ 60. Creo que debo llevar el evangelio a personas cuyas creencias son diferentes de las mías.

___ 61. Tengo fe en que Dios puede hacer lo imposible ante una necesidad.

___ 62. Me encanta hacer cosas por los demás.

___ 63. Tengo la capacidad de establecer procedimientos seguros y precisos.

___ 64. Explico las Escrituras de forma tal que los demás pueden entenderla.

___ 65. Habitualmente puedo percibir soluciones espirituales a los problemas.

___ 66. Me alegro cuando procuran mi ayuda las personas que necesitan aliento, consuelo, estímulo y consejo.

___ 67. Puedo cuidar espiritualmente a otros.

___ 68. Me siento a gusto cuando testifico de Cristo a los inconversos.

___ 69. Reconozco las señales de tensión y aflicción en los demás.

___ 70. Deseo dar generosa y humildemente a proyectos y ministerios dignos.

___ 71. Puedo organizar los hechos para establecer relaciones importantes.

___ 72. Dios me encomienda mensajes para transmitirlos a su pueblo.

___ 73. Puedo percibir si las personas son honestas al describir sus experiencias religiosas.

___ 74. Procuro estar a la disposición del Señor para que Él me use.

___ 75. Me gusta presentarle el evangelio a personas de otras culturas y antecedentes.

___ 76. Dios me ha usado en respuestas milagrosas a la oración.

___ 77. Me complace hacer pequeñas cosas para ayudar a otros.

___ 78. Puedo planear una estrategia y lograr que otros me apoyen.

___ 79. Puedo hacer una presentación clara y sencilla.

___ 80. He podido aplicar verdades bíblicas a las necesidades específicas de mi iglesia.

___ 81. Dios me ha usado para animar a otros a vivir como Cristo desea que vivamos.

___ 82. He percibido la necesidad de ayudar a otros para que cumplan sus ministerios más eficientemente.

___ 83. Me gusta hablar de Jesús con personas que no lo conocen.

___ 84. Cuento con una amplia variedad de materiales de estudio.

___ 85. Tengo la certeza de que una situación cambiará para la gloria de Dios, incluso cuando dicha situación parece imposible de resolverse.

___ 86. Reconozco que Dios sigue curando a las personas como lo hacía en tiempos bíblicos.

CÓMO EVALUAR SU INVENTARIO

1. En cada don de esta lista, escriba en el cuadrado el número de la respuesta que usted le dio a casa asunto indicado.
2. Para cada don sume los números que hay en cada cuadrado y coloque el total en el espacio que dice "Total".
3. Para cada don divida el total por la cantidad indicada y escriba el resultado en el espacio que dice "Puntos". (Redondee cada número a un decimal, por ejemplo "3.7"). Eso será su calificación del don evaluado.

LIDERAZGO

✳ ✳ ✳ ✳ ✳ ✳ ✳ ✳

Asunto 1 + Asunto 17 + Asunto 32 + Asunto 48 + Asunto 63 + Asunto 78 = Total ÷ 6 = Puntos

ENSEÑANZA

✳ ✳ ✳ ✳ ✳ ✳ ✳ ✳

Asunto 2 + Asunto 18 + Asunto 33 + Asunto 49 + Asunto 64 + Asunto 79 = Total ÷ 6 = Puntos

CONOCIMIENTO

✳ ✳ ✳ ✳ ✳ ✳ ✳ ✳

Asunto 9 + Asunto 25 + Asunto 40 + Asunto 56 + Asunto 71 + Asunto 84 = Total ÷ 6 = Puntos

SABIDURÍA

✳ ✳ ✳ ✳ ✳ ✳ ✳ ✳

Asunto 3 + Asunto 19 + Asunto 34 + Asunto 50 + Asunto 65 + Asunto 80 = Total ÷ 6 = Puntos

PROFECÍA

✳ ✳ ✳ ✳ ✳ ✳ ✳

Asunto 10 + Asunto 26 + Asunto 41 + Asunto 57 + Asunto 72 = Total ÷ 5 = Puntos

DISCERNIMIENTO DE ESPÍRITUS

✳ ✳ ✳ ✳ ✳ ✳ ✳

Asunto 11 + Asunto 27 + Asunto 42 + Asunto 58 + Asunto 73 = Total ÷ 5 = Puntos

EXHORTACIÓN

✳ ✳ ✳ ✳ ✳ ✳ ✳ ✳

Asunto 4 + Asunto 20 + Asunto 35 + Asunto 51 + Asunto 66 + Asunto 81 = Total ÷ 6 = Puntos

PASTORADO

* * * * * * * *

Asunto 5 + Asunto 21 + Asunto 36 + Asunto 52 + Asunto 67 +Asunto 82 = Total ÷ 6 = Puntos

FE

* * * * * * * *

Asunto 12 + Asunto 28 + Asunto 43 + Asunto 59 + Asunto 74 + Asunto 85 = Total ÷ 6 = Puntos

EVANGELISMO

* * * * * * * *

Asunto 6 + Asunto 22 + Asunto 37 + Asunto 53 + Asunto 68 + Asunto 83 = Total ÷ 6 = Puntos

APOSTOLADO

* * * * * * *

Asunto 13 + Asunto 29 + Asunto 44 + Asunto 60 + Asunto 75 = Total ÷ 5 = Puntos

MILAGROS

* * * * * *

Asunto 14 + Asunto 45 + Asunto 61 + Asunto 76 = Total ÷ 4 = Puntos

AYUDA

* * * * * * *

Asunto 15 + Asunto 30 +Asunto 46 + Asunto 62 + Asunto 77 = Total ÷ 5 = Puntos

MISERICORDIA

* * * * * * *

Asunto 7 + Asunto 23 + Asunto 38 + Asunto 54 + Asunto 69 = Total ÷ 5 = Puntos

DADIVOSO

* * * * * * *

Asunto 8 + Asunto 24 + Asunto 39 + Asunto 55 + Asunto 70 = Total ÷ 5 = Puntos

SANIDAD

* * * * * *

Asunto 16 + Asunto 31 + Asunto 47 + Asunto 86 = Total ÷ 4 = Puntos

Definiciones de los dones espirituales

Servicio

- *Ayuda (ministerio):* El deseo y la habilidad de reconocer las necesidades cotidianas de los demás y satisfacer personalmente tales necesidades.
- *Misericordia:* La habilidad de sentir simpatía y compasión y satisfacer las necesidades de personas que sufren aflicciones y crisis a causa de problemas físicos, mentales o emocionales.
- *Dar:* La habilidad especial y el deseo de contribuir con recursos materiales para ayudar a otros y a la obra del Señor con generosidad y alegría.
- *Sanidad:* La habilidad que Dios da para ayudar a otros a recuperar la salud física, mental o espiritual por intervención directa de Dios.

Enseñanza

- *Sabiduría:* La habilidad de discernir para aplicar en forma práctica las verdades de Dios a situaciones específicas.
- *Conocimiento:* La habilidad de descubrir, comprender, aclarar y comunicar información relacionada con la vida, el crecimiento y el bienestar de la iglesia.
- *Enseñanza:* La habilidad especial de estudiar la Palabra de Dios y comunicar verdades espirituales de manera

tal que se apliquen a la salud y ministerios de la iglesia para que otros puedan aprender.
- *Liderazgo:* La habilidad especial de establecer metas de acuerdo con la voluntad de Dios, comunicar dichas metas a los demás y estimularlos a trabajar juntos para lograrlas.

Adoración

- *Profecía:* La habilidad especial de recibir una mensaje de Dios y luego comunicar dicho mensaje a otros bajo la dirección del Espíritu Santo.
- *Discernimiento de espíritus:* La habilidad e reconocer cuáles acciones y enseñanzas, que se afirman que provienen de Dios, verdaderamente emanan de Dios en lugar de ser humanas o satánicas.
- *Exhortación:* La habilidad especial de confortar y animar a otros, así como de motivarlos para obrar correctamente.
- *Pastoreado:* La habilidad de edificar, equipar y orientar a los creyentes a crecer espiritualmente y obtener madurez.

Testimonio

- *Fe:* La habilidad especial de crecer en el poder de Dios para intervenir en el mundo actual, y ser parte de tal intervención por medio de la oración y el poder del Espíritu Santo.
- *Evangelismo:* La habilidad de comprender la situación de los perdidos en el mundo y presentarles a Jesucristo en forma tan eficiente que acepten su salvación.
- *Apostolado:* La habilidad de explicar el mensaje de reconciliación de Dios; organizar nuevos grupos de estudio bíblico y congregaciones; o superar impedimentos culturales, idiomáticos o raciales para presentar el mensaje de salvación.
- *Milagros:* La habilidad especial de servir como intermediario humano a través del cual Dios obra para consumar hechos que no pueden explicarse mediante leyes naturales.

---

1. Adaptado de *Discovering Your Spiritual Gifts*, © Copyright 1989, Convention Press, Nashville, Tennessee, EE.UU. Derechos reservados. Prohibida la reproducción de esta obra sin la autorización.

Índice